TE LLEVARÉ
DE LA MANO

TE LLEVARÉ DE LA MANO

Yolanda Briceño Mejia

Número de Control de la Biblioteca del Congreso: 2011923266
ISBN: Tapa Dura   978-1-6176-4666-9
               Tapa Blanda   978-1-6176-4665-2
               Libro Electrónico   978-1-6176-4664-5

Este Libro fue impreso en los Estados Unidos de América.

Para ordenar copias adicionales de este libro, contactar:

Palibrio

1-877-407-5847

www.Palibrio.com

ordenes@palibrio.com

336546

Índice

DEDICATORIA

Primeramente al **Dios TRI-UNO** porque en su infinito amor le plació que le llamara ABA Padre, desde que le conozco me siento cobijada bajo sus alas, sin El nada soy y siempre quiero estar así hasta su venida, Amen

CRÉDITOS

EN SEGUNDO LUGAR a mi familia mis padres Alejandro Briceño y Martha Pastora Mejía mis hermanas, Olga, Aurora, Gloria, Marco, Eva, Luis, Patty a mis sobrinos, y especialmente a mi hermana Vilma Briceño, pastora de la Iglesia Ríos de Agua Viva de la iglesia de La Lima en Honduras, a mi sobrina Claudia Irene que me a apoyado tanto en la redacción como espiritualmente para la publicación de este libro.

Para mis pastores Dagoberto González, (que ya goza de la presencia de Nuestro Señor) al Pastor Ángel David Antúnez quien ha estado a mi lado en los momentos difíciles.

A los hermanos de la Iglesia en la Lima por sus oraciones para mi familia y para mi, los extraño . . .

INTRODUCCIÓN

E STE PEQUEÑO LIBRO narra en lenguaje sencillo algunas de las muchas vivencias que me a tocado experimentar, y en las que he visto la poderosa mano de Dios llevándome de la mía día a día, con el pretendo en primer lugar exaltar el nombre y el poderío de Dios sobre mi vida y en la vida de todos los que se atreven a confiar en Él, en segundo lugar, espero que la lectura de cada renglón sirva para la edificación de todas las personas que de una u otra manera están atribuladas y que necesitan una respuesta o solución a sus problemas, desde ahora les digo Cristo es la respuesta, porque solo Él tiene Palabra de Vida Eterna.

A través de la narración se podrán enterar de cómo Dios me fue sacando paso a paso de las tinieblas a su Luz admirable, me fue mostrando el camino que conduce a Él, aun sin yo conocerle Él se interesó siempre en mi hasta el gran día en que me dijo Yo Soy el que te redimí, Yo te puse nombre nuevo, Yo soy el gran Yo Soy.

Si amado amigo mira si tú eres una persona importante que el gran Yo Soy, te pude y quiere guiar a ti también y sacarte de camino errado para ponerte en lugares de refugio en donde día a día podrás contar con su divina presencia, respaldo y amor y donde estarás seguro bajo sus alas.

Hoy te invito a que experimentes esa nueva vida en Cristo Jesús.

PRÓLOGO

Te llevaré de la mano

CUANTAS VECES NOS hemos visto envueltos en situaciones difíciles quizás unas más que otras, y cada vez cuando creemos que ya todo terminó para nosotros que no hay esperanza, que no hay solución capaz de sacarnos de esa profunda aflicción en que se ha sumido nuestra alma y decimos que no podremos salir adelante debido a nuestra limitada capacidad.

Y cuando más angustiados nos encontramos provocando que nuestra adrenalina alcance los niveles más óptimos y la ansiedad supera todo límite de capacidad de controlar nuestras emociones **(1 Crónicas 21.13.),** entonces ha salido de nuestros labios una exclamación de ayuda y acudimos a aquel Ser sobrenatural que en nuestro subconsciente quizás hemos relegado, pero surge de pronto y se torna en algo increíblemente real y capaz para sobrellevar la carga.

Y como si fuera poco su capacidad llega más allá con la que puede abrir un camino nuevo, una vía de escape, un respirar profundo y tranquilizante a nuestra alma y podemos ver que cada día una vez más el Creador del universo nos lleva de la mano.

De tal forma que podemos constatar que Dios está allí que es real en nuestras vidas y está para liberarnos de traumas, de cargas, complejos, de dudas, de amarguras, de sinsabores.

Y si esa necesidad momentánea, urgente, que experimentamos de ayuda de protección espiritual, la hiciéramos eterna en nuestra vida, a tal grado que nos encontráramos dependiendo plena y totalmente de este Ser sobrenatural y maravilloso, al cual podemos acudir sin importarnos el tiempo ni el lugar donde nos encontramos, a esa Fuente inagotable de amor y comprensión, entonces es cuando comprendemos que ningún problema ni ninguna situación por difícil e insalvable que podamos pensar que sea, es más grande que El.

Nada puede agobiarnos y que aunque la tormenta arrecie, tendremos la sensación de que estamos protegidos bajo sus alas, seguros y confiados esperando que la calma que precede a la tempestad llegue a nuestra vida y que habrá un nuevo amanecer lleno de esperanza y de amor en donde nuestro Padre siempre nos dirá no temas porque yo *TE LLEVARE DE LA MANO*...

CAPÍTULO 1

Cigarrillos, Alcohol, Idolatría

"¡**C**OF . . . COF! . . . ME ahogo, . . . ¡cof, cof! me muero, . . .! ¡Martha! grite, Nelly se desmayó, se desmayó! Y al acercarse para ver qué pasaba con la compañera, ¡¡no!! dijo mi otra amiga que por cierto también se llama Marta . . . ¡Nelly se murió! Y ahora que hacemos". Esto que les narro ocurrió en los sanitarios del colegio donde estudiaba secundaria, estaba por cumplir los 15 años y algunos compañeros nos estaban enseñando a fumar cigarrillo, porque según ellos, las chicas que no lo hacían no eran de clase ni sociedad, y estaban chapadas a la antigua, y teníamos que practicar para que los muchachos dijeran de nosotras que no éramos ningunas tontas mojigatas.

En la Santa Palabra dice; que el diablo vino a matar, robar y destruir **(S. Juan 10.10)** y con miles de engaños nos quiere llevar al fracaso para que no lleguemos a tener la mente de Cristo, y por lo general está buscando los jóvenes, que están en proceso de formación, y les presenta un panorama bonito para hacerlos caer y una vez que los tiene atrapados y destruidos se burla de ellos. Pero también dice en la Santa Palabra que Cristo vino a darnos vida y vida en abundancia, y además a presentarnos justificados delante del Padre; que bueno que contamos con el amor de Dios.

De esta forma, siendo unas inexpertas en la materia y queriendo demostrar lo que no éramos, nos enfrascamos en el aprendizaje de lo que nos daría popularidad entre los chicos, yo siempre fui muy tímida y de todas era la que no estaba muy de acuerdo, pero lo hacía porque de no ser así perdía la 'amistad' de mis compañeras y si quería contar con ella debía adaptarme al grupo, **Y de esta manera comencé a comprar cigarros.**

Así que corrí donde la compañera de clases que estaba tirada en el suelo semi-sucio de aquel cuarto un tanto oscuro de los baños para mujeres, puse mi oído sobre su pecho y sentí que respiraba, "! Está viva! dije, pongámosle agua fría en la cara" y entre todas comenzamos el proceso de reanimación y al fin después de unos minutos que nos parecieron eternos logramos nuestro objetivo.

Nos asustamos mucho porque nunca imaginamos que nos pasaría algo así, nuestra amiga había tragado el humo del cigarrillo en su afán por hacer con este siluetas en el aire al exhalarlo, cuando pasó este percance yo me dije en mis adentros no vuelvo hacer esto, ¿Cómo un poco de humo puede causar daño a mi organismo hasta provocarme la muerte? Si hay algo que yo no tolero es alguna cosa que vaya en contra de mi cuerpo y si lo puedo evitar lo desecho de mi vida.

No dije nada a las demás pero en ese momento ya había decidido no seguir más en eso. Y sé que lo haría, y ¿Saben porque estaba tan segura que lo haría? Porque si había una persona que siempre me había querido mucho era yo misma, según "mis pensamientos" en ese momento no entendí que Dios me estaba apartando de todo lo malo, y que me quería mucho más de lo que yo me podía llegar a querer, eso lo supe mucho tiempo después.

"Miren" nos dijo el Director del colegio mostrándonos unas cartas que tenia en sus manos "Ahora si lo siento mucho, pero les mandaré un comunicado a sus familiares porque no están acatando las normas de la institución".

Y es que ya éramos reincidentes ya por dos ocasiones, el director nos había amonestado, en forma verbal, haciéndonos ver que el entendía que éramos jóvenes y como tales siempre queremos experimentar cosas nuevas, pero que de esa forma nos podíamos hacer adictas a la nicotina la cual podría acarrearnos enfermedades de los pulmones y cáncer en las vías respiratorias, con el agravante de que después no seriamos simples fumadoras sino que nos podríamos llegar a convertir en drogadictas lo que vendría a ser un problema aún mayor que el primero.

Aparte de que la institución que el representaba podría gozar de mala reputación, si se permitían tales prácticas entre sus alumnos. En las dos ocasiones anteriores prometimos no seguir en la "fumada" y volvíamos a las andadas, pero igual el director siempre se enteraba, y en esa tercera vez, con esto último que aconteció en el sanitario, cumplió su advertencia. Ese día en la oficina del colegio el director, al terminar la reunión con nosotras, dijo, 'Briceño'—ese es mi apellido—quédate unos minutos más, quiero conversar algo contigo".

Y así mis amigas salieron del lugar, y cuando nos quedamos a solas dijo el, ¿Sabes que?, me da pena con tu familia tener que comunicarles esto, tus hermanas estudiaron en este colegio y durante todo el tiempo fueron alumnas ejemplo y pusieron en alto el nombre de tus padres y el de la institución, yo sé que tú no eres así, pero estás muy influenciada por las amistades que has escogido, por eso quiero darte una oportunidad más, solo tu familia no se va a enterar de esto pero me prometes que no volverás a fumar más, esto es por tu bien". Hasta aquí no entendía o no veía la mano de Dios, pero era El dándome una nueva oportunidad.

Yo estaba llorando, y le dije "sabe ayer cuando vi a mi amiga como muerta, ya lo había decidido, pero sus palabras me han dolido en lo más profundo al confrontarme con la realidad, la verdad que sí, mis padres nos enseñaron lo mejor, no merecen que yo les falle así". Y salí de allí con la promesa de no hacerlo más, y el maestro cumplió con no decirlo a mi familia, esto lo sabrán ellos a manera de testimonio hasta el día que lean este pequeño libro.

Años más tarde, siempre acostumbrábamos en el seno del hogar a celebrar alguna reunión familiar ó evento social con algunos tragos de licor lo que considerábamos normal, fue así como me fue gustando su sabor, y lo disfrutaba y aunque no lo hacía seguido solo como dije antes en "ocasiones especiales", me empecé a interesar en el licor y yo tomaba mucho ron y whisky, y me jactaba de que no me hacía efecto, tomara la cantidad que tomara y bueno, esa era mi costumbre en fiestas pedir tragos de licor. Así pasaron muchos años.

Navidad, 24 de Diciembre de 1984, como es costumbre en los hogares que se dicen cristianos, se acostumbra hacer los preparativos para esos días, desde la víspera, en mi familia se hicieron los arreglos necesarios para la fiesta y llegado el día como siempre se sirvieron tragos de licor, y una muchacha amiga de la familia se propuso emborracharme, ya que nadie lo había logrado y esa noche me sirvió varias clases de licor acompañadas con jugo de frutas de diferentes sabores, de tal manera que no distinguía el sabor del licor que estaba ingiriendo y así me impuso la primera y gran borrachera de mi vida; que terrible cuando se supone que celebramos el nacimiento del Hijo de Dios, y que deberíamos estar en regocijo espiritual, adorando a aquel que es Santidad, es cuando más profanamos su Santo Nombre de una forma impía.

Y la humanidad comete cada acto en su nombre que nos debería de llenar de vergüenza, pero como somos ignorantes hasta que conocemos la verdad, y por la misericordia de mi Dios me dio la oportunidad de conocer esa gran verdad que se llama Jesucristo, verdad para hacerme libre de esclavitud.

Continuando con mi relato, "Esa noche casi no podía sostenerme en pie y al tratar de caminar lo hacía en forma de zig-zag, y mis hermanas y amigas se reían de mi porque habían logrado lo que querían, lo que no sabíamos ni ellas ni yo era que el diablo estaba jugando con nosotras, así ebria como estaba me sentí tan ridícula, hasta allí no entendía el juego del diablo, pero mi orgullo de bebedora estaba pisoteado", se dan cuenta amados como el enemigo actúa?—Se burla-, primero me levantaba el orgullo de saber beber, y luego cuando logró emborracharme me humilló haciendo el ridículo.

"Como pude y haciendo un enorme esfuerzo para que no notaran mucho mi estado, me sostuve en pie y junto con mis hermanas nos dirigimos hacía el templo, me sentía mal, y cuando llegue a las puertas de la iglesia vi todas las imágenes que estaban allí y la gente sentada en las bancas que giraban vertiginosamente, me daba todo vueltas, y me fui a la parte trasera del edificio para que las demás personas no me vieran en ese estado, hasta que mi estómago no resistió más que termine dando un gran vómito, y tirada como cualquier borracho consuetudinario, y así me quede dormida en las gradas de esa iglesia hasta que terminó el servicio.

Pero lo más terrible venia después, y es que el enemigo no amaga, no bromea cuando quiere conseguir su objetivo, él va en serio contigo, hasta verte destruido, y al día siguiente cuando desperté me lleve el mayor susto, aparte de sentir el malestar que deja la bebida, cuando me vi al espejo vi como estaba hinchada desde la cabeza a los pies y la piel roja, roja y muy gruesa, un calor insoportable casi asfixiante, y una comezón en la piel que me la quería arrancar con las uñas, eso es alergia producida por el alcohol, el diablo no se quedó con nada al fin había llegado al máximo conmigo; según él.

Pero con lo que éste ser despreciable no contaba era que ya había alguien tras de mí que me había guardado desde que estaba en el vientre de mi madre, es más desde antes de la fundación del mundo y que no iba a permitir que fuese destruida, **(Jeremías 1:5)** Aleluya!

Mi alma no se cansa de alabarte Padre y de darte toda la honra y la Gloria; ¡Si!, una vez más Papi Dios me iba a sacar de esto porque, sin darme cuenta **Él me iba llevando de la mano,** limpiando mi camino y todos los escombros iban siendo apartados de mi vida para que yo pudiera transitar por el camino que Él había trazado para mí.

"Y al verme así mi cuerpo con alergia y con el malestar que da la alergia me enfurecí conmigo misma, y dije nunca más voy a consumir licor, ¡me enoje tanto! ¿Como yo podría estar provocándome mal a mí misma? Y así lo hice no volví a tomar licor.

Te llevare de la mano no lo había entendido aun pero paso a paso mi Señor Jesús ha ido guiando mis pasos a través de su Espíritu Santo aun sin yo saberlo, y sin habérselo pedido. Él ha estado al cuidado de mi persona, después de haber pasado por esas dos etapas de cigarrillos y licor y a Dios gracias sin haber creado adicción por ninguno de los dos vicios, luego el Señor me enseñó a salir de la *idolatría.*

Desde que tengo uso de razón siempre fuimos en casa muy religiosos e **idolatras**, le doy gracias a mis padres porque de alguna forma nos enseñaron el temor reverente a Dios Todopoderoso, a respetarlo y amarlo por sobre todas las cosas. Pero Dios es un Dios celoso y su Palabra nos enseña que Él nos creó para que le diéramos adoración exclusiva, **(Éxodo 20:3-6)** porque Él es el dueño de todo cuanto existe y es el dueño de la humanidad.

Pero el hombre en su naturaleza agresiva y rebelde siempre ha querido hacer su voluntad por cuenta propia y nos olvidamos de aquel a quien le debemos la vida, aquel que trazó un plan perfecto dando a su Hijo para que sufriera una cruenta muerte, aquel a quien no le importó, siendo Dios despojarse de su Divinidad, y ya en su condición de Hombre hacerse pecado en la Cruz.**((Fil.,2:6-8)** ocupando el lugar que nos pertenecía a ti y a mi, para que fuésemos salvos de toda condenación del diablo.

Siendo todavía muy religiosa, e idolatra, un día en mi trabajo la jefa del hospital donde yo trabajaba me regaló un nuevo testamento, siempre fui amante de la buena lectura, mi padre por lo general acostumbraba a llevar las mejores obras literarias a casa y tenía un cajón con estantes a manera de una pequeña biblioteca, mi padre murió siendo yo aún pequeña, pero en el tiempo que disfrutamos mis hermanos y yo de su linda presencia nos inculcó mucho la lectura, lo que en lo personal se me hizo costumbre, años más tarde mi adicción a la lectura me llevó a devorar todos esos libros que el había almacenado y aun viejos y llenos de polvo leía y leía, eran libros que aumentaban mi acervo cultural.

De tal manera que al tener en mis manos ese librito que para mí era literatura nueva, a pesar de asistir regularmente por muchos años a una iglesia, desconocía por completo su tratados; lo comencé a leer libro tras libro capitulo tras capitulo y con ello fui descubriendo un panorama diferente al que yo estaba acostumbrada, que había idealizado y entendido acerca de la Palabra de Dios, puesto que me habían enseñado diferente; y en cuanto mas leía este libro me fui dando cuenta de cuan equivocada había vivido siempre, referente a la creencia que tenia de Dios y la forma de conducir mi vida espiritual

Cabe mencionar que aunque asistía con regularidad a mi iglesia, en los últimos tiempos sentía un vacío, como que algo no encajaba en mi ritual religioso algo que no me llenaba y que me resultaba tedioso pero se lo atribuía a que era algo complejo y que solo los que estaban en eminencia dentro de la iglesia podrían entenderlo.

En cambio yo debía seguir así como siempre como autómata, siguiendo los ritos en completa monotonía y dejar pasar el tiempo, pero ya Dios estaba inquietándome para que yo llegara al conocimiento de su Palabra.

Y así cada día me fui internando en la lectura de ese pequeño librito, lo leía día y noche repasando los evangelios y me fui dando cuenta de la riqueza que había en sus renglones, en cada palabra y la armonía entre sus libros, sin darme cuenta pasaron dos meses en los cuales no asistí a la iglesia que frecuentaba con regularidad y así paso otro tiempo en el que Dios me fue preparando para sacarme de **"en medio de ellos"**.(**2 Cor. 6: 16-18)** Meses después llego a mis manos una Biblia completa.

Cuando leí en (Deuteronomio 4:23-24) me asombré cuando dice que Dios es un Dios celoso que quiere adoración absoluta y que no nos hagamos dioses ni ídolos de barro ni de metal ni de ningún material, porque la idolatría es abominación a Jehová.

Y si antes tenía tanto cuidado con mi cuerpo, cuando aprendí que nuestro cuerpo es templo y morada del Espíritu Santo, comprendí que debería mantenerlo limpio y libre de toda contaminación para que pudiera morar en mí su Santo Espíritu.

No comprendía como Dios estaba tratando conmigo, pero al comparar mis antiguas creencias con lo que me revelaba aquel pequeño librito de pasta azul no sabía a ciencia cierta a donde me llevaría su lectura, pero lo que si era cierto es que se acercaba *El día que Dios hizo para mi . . .*

CAPÍTULO 2

¡El día que Dios hizo para mí!

Y llamo Dios a la luz día y a las tinieblas llamo noche . . .
(Génesis 1:5)

EN UN DÍA y a una sola orden Dios hizo el día y la noche en forma generalizada pero también ha hecho El, un día específico para ti, para mí, para cada de uno de los que por su misericordia hemos tenido la dicha de creerle y de ser llamados sus hijos.

Este es el día que hizo el Señor día de alegría y de gozo **(Sal118:24)**, día donde caen las vendas de los ojos, día en que podemos ver las cosas desde otro punto de vista, desde un ámbito espiritual que no conocíamos y que escapa a nuestra mente finita el querer saber porque nos habíamos privado de ese panorama, de ese estilo de vida que no lográbamos visualizar y que estaba allí que siempre estuvo allí, que está allí ahora mismo para ti, pero que no has logrado ver porque albergas algún temor quizás hacía lo desconocido, y es que la vida en Cristo es otro nivel de vida nunca antes imaginado, nunca alcanzado, pero que cuando lo encontramos hasta nos reprochamos por no haberlo obtenido antes, pero como dije al principio Dios tiene un día especial para cada quien y es que Dios tiene y actúa con propósitos definidos.

"Te invito a la iglesia" me dijo Magaly una amiga de la universidad quien me había prestado un libro de matemáticas y al devolvérselo me extendió la invitación, y yo con desgano le dije algún día te acompaño, y me dijo "dime que día yo paso por ti, puede ser Martes ó Domingo, son los únicos días que tenemos servicio, es muy bonito, vamos sin compromiso y si te gusta regresas".

Yo pensé le doy un día y luego me olvido y así me la saco de encima y dije "está bien que sea Martes" pensando que entre semana hay muchas cosas que hacer y podría contar con la "suerte" que a mi amiga se le olvidaría la invitación.

Pero llegó el *No* deseado día y con él se llegó el día de mi nuevo nacimiento, día de cumpleaños, 14 de Enero de 1986.

El día que El Señor había hecho para mí, y muy puntual mi amiga paso por mí; y haciendo un último intento para no ir le dije "no estoy lista vete sola no quiero que llegues tarde por mi culpa", pero ella dijo "no te preocupes yo espero sin ningún problema".

Y bueno, no me quedó de otra, me alisté y así llegue a ese gran encuentro con el que hora es el dueño de mi vida y mi corazón. No fue cuestión de buena o mala "memoria" de mi amiga ni de buena o mala "suerte" mía; era el tiempo de cumplimiento, era el día que Dios había destinado para mi desde antes de la fundación del mundo. Quién lo diría nunca lo imaginé pero todo lo que El planea es perfecto, Bendito sea mi Dios, no me lo merecía, yo una simple mortal pecadora y con todos los defectos estaba dentro de su plan perfecto, a Él sea la Gloria y la Honra.

Cuando llegamos a la iglesia, desde que puse mis pies en la entrada sentí una diferencia notable en comparación a la iglesia que anteriormente frecuentaba lo notaba en todo en su estructura en el ambiente muy iluminado despejado, se podía respirar quietud tranquilidad paz, sus paredes limpias de imágenes supuestas a rendirles pleitesía.

Ese día el Pastor daba una enseñanza basada en ser buenos administradores (**1ra de Pedro 4:10**) de todo los bienes tanto materiales como espirituales que gozamos en la tierra, como verán sin ningún contenido evangelístico, ni guerra espiritual ese día el Espíritu Santo hablo a mi vida y puso el sello de Nuevo Pacto.

Sin ser yo ninguna criminal o discípula de Robin Hood, y considerándome una persona de mente sana, con una actitud religiosa muy arraigada no podía entender porque ese día el Espíritu Santo me instaba a que me arrepintiera de todo lo malo, y decía para mis adentros: Yo ¿que he hecho? no hago mal a nadie, vivo y dejo vivir, pero era más fuerte que mi voluntad, que mi incredulidad, más grande que la pena que podría pasar al pensar en el que dirán, al exponerme públicamente y demostrar arrepentimiento por cosas y situaciones que hasta ese momento no me había dado cuenta que estorbaban mi vida.

Y empecé a ver en forma retrospectiva, como en video clip varias etapas de mi vida, que ya las había olvidado pero que en ese momento el Espíritu Santo las trajo a colación para que yo limpiara mi mente, mi subconsciente y mi alma, de tal forma que el enemigo no tuviera armas para acusarme.

Y recordé como cuando tenia doce años, mamá me sorprendió robando de su tienda unos envases de refrescos (soda) para venderlos y así obtener dinero para asistir a una kermés . . .—recuerdo como ella muy sabiamente me perdonó lo que me hizo conciencia de no volver actuar así-, o como la vez en el colegio que nos pillaron fumando y mi amiga Nelly casi muere por tragarse el humo del cigarrillo, . . .

``también cuando me dio alergia casi mortal por consumir alcohol, . . . cuando dije mentiras "piadosas o blancas" según mi mentalidad, . . . o como ese orgullo indomable que tenia por considerarme buena persona y muchas otras cosas mas con las que pude entender que si no hubiese sido por la mano de Dios, cubriéndome apartándome de lo malo, cuidando mi vida y mi alma no estaría contando con la salvación que me ofrecía en ese momento y de la que en la actualidad gozo.

Y fue en ese preciso instante que supe que no era tan buena o justa como yo creía que era, que no había sido tan buena administradora de mi persona como Dios quería que fuera; si no es porque mi Dios se interesó por mí, quizás no estaría yo teniendo esa oportunidad de acercarme al Trono de la Gracia, y poder ser libre allí mismo en ese instante en medio de personas que en mi vida había visto o tratado.

Y sin saber cómo, ya estaba frente al altar en medio de un mar de llanto; estaba tan cargada y no me daba cuenta de ello, tal era la carga que ya me había acostumbrado al peso que causa la amargura, la desidia, el desamor, los temores y cuanta cosa que llevamos a cuesta, inmersos en la ignorancia de no saber y muchas veces de no reconocer que hay alguien que en verdad nos ama de tal manera, que fue capaz de entregar a su Hijo y enfrentarlo a una muerte segura **(S. Juan 3:16)** para que nosotros pudiéramos vivir eternamente liberados de todo lazo del diablo.

Así como yo, muchas personas, millones alrededor del mundo llevan consigo el peso del pecado porque no aprendimos que el pecado lo traemos congénito y que por muchas y buenas normas de conducta que hayamos adoptado y puesto en práctica no podemos ser libres de la esclavitud que da el pecado lo que nos trae como consecuencia las enfermedades, las aflicciones del alma y la muerte espiritual.

Pero la Palabra de Dios nos indica que por cuanto todos pecamos, estamos destituidos de la Gracia de Dios,**(Romanos 3:23-24)** y la única forma de obtener la redención de nuestros pecados es doblar rodillas ante la presencia de nuestro Dios y arrepentirnos de nuestros pecados y nuestra vana manera de vivir, confesar con nuestra boca que Jesús es nuestro Señor y Salvador entonces seremos completamente libres, dice su Bendita Palabra, porque a un corazón contrito y humillado atiende el Señor. **(Salmos 51:17)**

No importa la dimensión del pecado, la raza, tu religión, tu posición social, todos tenemos que reconocer que estamos necesitados de Dios, de su amor, de su perdón y Él es tan suficientemente grandioso y misericordioso para perdonarte, Él nos dice que "aunque vuestros pecados fueren como la grana, como la nieve serán emblanquecidos; si fueren rojos como el carmesí, vendrán a ser como blanca lana." **(Isaías 1:18)**

Y allí en el altar delante de su Divina Presencia pude sentir como en cuestión de segundos ufff . . . ! desaparecían de mí los temores y las dudas y aquel peso ya no lo fue más porque unas manos poderosas lo tomaron y me aligeraron la carga a tal grado que sentía que caminaba entre las nubes.

¡No!, ¡no fue una mera emoción fue real hasta la fecha es algo real en mi vida!, aun siento la sensación de andar entre las nubes, de caminar haciendo la voluntad del Padre, con esa seguridad que produce su Gracia sobre mi vida de no darle entrada al enemigo, porque ¿sabes que?, tenemos un enemigo en común alguien que por ser un derrotado, un amargado, un frustrado está pendiente de que tú y yo vivamos dentro de ese ámbito y se mueve día y noche para lograrlo, sin escatimar ningún esfuerzo ni medio alguno, el desata un gran aparato logístico, con el fin de alcanzar su objetivo pero él sabe que es un derrotado y que Mayor es el que está en nosotros, **(1 Juan 4:4)** Cristo es nuestra Fortaleza, nuestro Castillo, la Roca Firme nuestro pronto auxilio en la tribulación.**(Salmos 46:1)**

Si! el no pudo, no puede, y no podrá nunca con nuestro Salvador, el lucha y lucha contra esa coraza protectora con la que nuestro Dios nos cerca a todos sus hijos, esa Roca que es Cristo contra la cual se estrellará una y otra vez, y que en cada intento se va debilitando porque nuestro protector es Todopoderoso, y en cuanto más lo resistamos al diablo, terminará huyendo de nosotros. Resistid al diablo y el huirá de vosotros.**(Santiago 4:7)** !Aleluya!

A los que creyeron en Él les dio la potestad de ser llamados hijos de Dios...

Por mucho tiempo nos hemos limitado y no hemos gozado de todas las bendiciones a las que tenemos derecho al constituirnos en hijos de Dios, quizás por el simple hecho que no nos hemos enterado de este privilegio o por mero escepticismo, pero cuando nos acercamos al Trono de la Gracia y reconocemos a Jesucristo como el único y suficiente Salvador para nuestra alma podemos decir con toda certeza que ese es el día que Dios nos ha preparado, **(Sal 118:24)** y se constituye desde ese momento en el punto de partida para un nuevo estilo de vida para gozar de las mieles del amor y la misericordia que están reservadas para los que le siguen y honran.

Cuando tu al igual que yo tomamos la decisión de hacer un stop, un alto, en nuestra vida y darle la espalda al pecado por convicción del Espíritu Santo de Dios, es cuando venimos a formar parte de la gran familia Real y podemos con toda libertad llamarnos hijos de Dios,**(1ra de Juan 3:1)** porque sabes, el hecho de que no hayamos matado, robado que no hayamos cometido delito de ninguna manera, el solo hecho de ser indiferentes a Dios, a su Bendita Palabra a su Santo

Espíritu, al saber hacer lo bueno y no ponerlo en práctica, esa actitud nos hace vivir en pecado.

Pero como nuevas son cada mañana las misericordias de nuestro Padre **(Lamentaciones 3:22-23)** que está en los cielos Él está pronto a recibirnos como a sus hijos, que hasta hay fiesta en los cielos por cada pecador arrepentido, **(S. Lucas 15:10).**

Y es que es el acontecimiento más grande en nuestra vida, el ser comprados a precio de Sangre, Sangre Preciosa, Divina de la Realeza, tan es así que llegamos a formar parte de una Nación Santa, de un Real Sacerdocio, de un Pueblo Adquirido por Dios **(1ra de Pedro 2:9)** y con ese paso le hemos quitado toda autoridad al diablo de tener parte en nuestra vida, eliminando todo decreto que nos era contrario para poder vivir una vida victoriosa, porque a partir de ese momento somos sellados con El Espíritu Santo de Dios.

Dios cuidará de ti en todos los aspectos, porque desde el momento en que te toma por adopción el empezará a suplirte en todo como el buen Padre que Él es. **(Filipenses 4:19)**

Desde los primeros días de mi conversión, comencé a experimentar de la gracia de Dios y su protección fue palpable día con día. Tan fue así que desde pequeña era frecuente en mi un dolor de cabeza y sentía una debilidad en el cerebro, recuerdo que mi madre siempre me llevaba al medico y ellos no encontraban nada y me recetaban reconstituyentes y vitaminas pero el dolor allí estaba siempre, pero en cuanto recibí a mi Señor Jesucristo en mi corazón, fue automático, desapareció todo dolor y nunca más volvió.

También había una inseguridad en mi de lo que depararía el mañana, a Dios gracias nunca me dio por consultar la brujería, pero vivía con la incertidumbre de si podría con el futuro, pensaba que no podría salir adelante que llegaría un momento que moriría de hambre que no tendría ni lo mas mínimo para sobrevivir, era algo espantoso, todos los días luchaba con ese gigante y cuando conocí al Señor Jesucristo El me enseñó que el mañana no existe, que viviera un día a la vez y que El estaría conmigo hasta el fin de los días, no saben cómo disfruto de esa bendita sensación de saber que Él está allí para resolver cada situación que se me presenta, y no me afano porque voy a comer o vestir del día siguiente, pues Él sabe de qué tengo necesidad y el cuida de mí.(**Mateo 6:25**)

Otro punto importante en que Dios nos cuida es en nuestra finanza, de repente verás como todo se te multiplica, la despensa aun cuando consumas lo mismo o más siempre te rinde por que Dios multiplicará tus alimentos.

Hubo un tiempo que en casa llegaba la factura de la energía eléctrica muy cargada y cada vez se me hacía más difícil el pago de la misma pues había que cumplir con todo el gasto de la casa, en esos días yo no sabía nada de tener que dar el diezmo a Dios pues recién comenzaba a estudiar la Palabra, y hacía unas semanas me habían prestado un libro que hablaba de la responsabilidad del creyente en cumplir con este mandato de Dios.

Yo lo quise poner en práctica, pero me puse a hacer números con mi escaso sueldo, y como estaba por comenzar el nuevo año escolar, pensé tengo que comprar uniformes nuevos, útiles para cinco muchachos, mi hermana menor que estaba en la universidad, aparte que tenia que cumplir con todos los gastos de la casa, ¡imposible! Pensé y dije no!, será para el próximo mes que daré el diezmo.

Pero en la noche acostada en mi cama, el Espíritu Santo de Dios me inquietaba y de acuerdo con lo que había leído en ese libro que ahora no recuerdo exactamente el titulo pero es algo así como Las Diez Razones para dar el Diezmo, entendía que debería darlo sin pensar en que me desbalancearia mi presupuesto, que tenia que darlo sin temor, confiadamente creyendo en que Dios supliría natural o sobrenaturalmente mis necesidades.

Mientras se acercaba el día de pago, trataba yo misma de convencerme de que el fin de mes daría el diezmo, y así un día antes de la fecha yo todavía hacía cuentas de cómo distribuiría el dinero entre gastos y diezmo y no lograba cuadrar los mismos, pero esa noche tomé la decisión y me dije 'mañana daré mi diezmo', creyendo firmemente en la promesa de mi Dios y al siguiente día por la mañana me fui convencida de que Dios me sacaría de esta situación y que yo daría el diezmo con alegría de corazón sin temor de si podría o no cubrir todos mis compromisos.

Y ya en mi trabajo cuando faltaban unas horas para recibir mi sueldo mi jefa muy seria me llamó a la oficina, me asusté, pensé si había hecho algo malo y me llamarían la atención, y cuando entré a la oficina ella me dijo "siéntese que le tengo que decir algo, anoche mientras conversábamos con mi esposo pensé en usted y le dije que ya era tiempo de que le aumentáramos el sueldo que estábamos satisfechos con su trabajo y pues a partir de ahora le incrementamos el pago".

Yo no lo podía creer y con una mezcla de asombro y gozo rompí en llanto, le conté como la noche anterior quizás en el mismo momento que yo le decía a mi Señor Jesús que no sabia como iba hacer para cumplir con todo el presupuesto, pero que ya estaba decidido y que daría el diezmo; ahora comprendía que en ese mismo momento mi decisión había conmovido los cielos y el corazón de Dios, y que a través de ellos (mis jefes) Dios estaba operando cumpliendo con la parte que El me prometía en Malaquías 3:10.

Una hora más tarde llegó su esposo y me llevó un aviso del correo, y cuando fui a sacar la correspondencia era una carta que me enviaba mi hermana que vivía en Elizabeth New Jersey en la que decía que entendía que había mucho gasto en la casa y que me enviaba cien dólares más de lo que acostumbraba, inmediatamente se me vino a la mente la porción bíblica que en **(Malaquías 3;10)** dice "y derramaré bendición hasta que sobreabunde", ¡si señores hasta que sobreabunde! así como El lo promete así El cumple, no falla.

Y ese mismo día cuando llegué a casa mi madre me tenia otra noticia pues como les había empezado a contar la factura de la energía eléctrica llegaba siempre cargada y en este mes llegó la cuenta de la luz por tres lempiras que es la moneda de mi país, cuando mi madre acostumbrada a ver, la factura de la luz de Lps.150.00—(Lempiras es la moneda de Honduras)—para arriba, vio la cantidad me dijo creo que se equivocaron, esa factura debe de ser de otra casa, y revisamos bien el documento pero todo estaba en orden, la dirección y el nombre del propietario de la casa era correcto.

Yo dije bueno esta cantidad nos facturaron, esto pagaremos, pero seguro que nos hacen un ajuste y el otro mes nos va a llegar el doble de lo que acostumbramos a pagar, y cuando se llegó el siguiente mes, ¿que creen que pasó? la cuenta de la luz llegó por tres lempiras nuevamente, yo no podía salir de mi asombro y el siguiente mes igual, tres meses consecutivos la cuenta nos llegó por la misma cantidad, Santo, Santo, Santo . . . tres veces Santo . . . Aleluya,"

"Probadme ahora en esto y reprenderé por vosotros al devorador y abriré las ventanas de los cielos y derramaré bendiciones hasta que sobreabunde" sigue diciendo su preciosa Palabra en el libro de (**Malaquías, 3:10-11**); Yo di el diezmo y mi Señor cumplió su otra parte.

Yo digo cuando testifico que él Señor me hizo un curso de administración financiera, reparó la contabilidad, me ajustó los libros y me los dejó estables de manera que yo pudiera con mis obligaciones. Cuando nos atrevemos a creerle a Dios, suceden cosas maravillosas, El nos dice que "No ha visto justo desamparado ni su descendencia que mendigue pan" (**Salmos 37:25**)

De tal forma que después de haber dado mi primer diezmo, que era como mi primicias también, pues era empezando el año y la primera vez que yo diezmaba se desató gran bendición en lo que respecta a la despensa de mi casa, en el hospital donde trabajaba todos los proveedores llegaban y me dejaban gratis y en exclusiva de todo, de acuerdo a lo que ellos suplían, así que de esa forma no me faltaba el pan, leche, jugo, huevos, queso, mantequilla, plátanos etc . . .

Ahora yo me pregunto si no me hubiera atrevido a creerle a Dios y confiar plenamente en su Palabra quizás me hubiese perdido de esa bendición, porque con nuestra incredulidad nosotros mismos ponemos barreras para que las bendiciones de nuestro Padre celestial fluyan y sean una realidad en nuestras vidas.

No temas entregarle todo a Dios El tiene cuidado de ti, si una flor, un pajarillo es importante para El, **(Mateo 6:26)** cuanto más tu, puesto que tienes un valor incuantificable, para nuestro Padre que esta en los cielos, *por cuanto eres más que una creación, tu y yo fuimos hechos con su propias manos a su imagen y semejanza,* mira si le importas tanto que quiere tenerte junto a Él, para lo cual trazó su plan perfecto a fin de rescatar no solo a ti sino a la humanidad, del infierno al que estaba destinada, ofreciendo al único que podía llevar a cabo su plan, su Santo Hijo, a Jesucristo, no despreciemos pues, ese galardón ni hagamos vano el inmenso sacrificio que hizo nuestro Jesucristo en la Cruz del Calvario.**(Mateo 27:32-56)**

No hay nada mejor ni más maravilloso que pertenecer a ese gran Dios y poder contar con su favor y su bendición, es un gozo inefable, algo sin igual que tu no experimentarás nunca por mucho que busques diferentes formas para divertirte, porque los placeres que el mundo ofrece son momentáneos, pasajeros y cuando vuelves a la realidad te tienes que enfrentar a los problemas que pesan en ti, sin ninguna esperanza alentadora.

Pero cuando tu dependes de Dios, aunque existan los problemas tu estás confiado porque Él te dice "No temas

Yo estoy contigo"(Isaías 41:10) y no solo lo dice sino que lo cumple y da una solución a los problemas, por muy difíciles que estos sean: que bendita seguridad, aunque un ejército acampe junto ti, y contra ti se levanten guerras, no temerá tu corazón, **(Salmos 27:3)** de allí que nuestro gozo es perenne, eterno no se termina, escucha seguro que nuestro Padre celestial, hoy te dice. **(Apocalipsis 19;-7)** *Hey ven y gocémonos . . .*

CAPÍTULO 3

¡Hey ven y gocémonos!

QUIZÁS TE PAREZCA que el título de este capítulo sea el de una canción, bueno no estas lejos de la verdad sí que lo es y es el título que lleva la primera producción que he logrado grabar, de música de exaltación en honor a nuestro Padre Celestial, ya que gracias a su amor eternal me ha inspirado y lo sigue haciendo puesto que El es esa Fuente, Fuente de amor inagotable en la que repose tu alma, Fuente de enseñanza que guía nuestros pasos hacía las escalas más altas que podamos imaginar.

"Deléitate a ti mismo en El Señor y El concederá las peticiones de Tu corazón", **(Salmos 37:4)**; recuerdo que desde que inicié en los caminos del Señor siempre tuve el deseo de hacerle un canto a nuestro Dios, y lo busqué de mil maneras y cada vez que lo intentaba terminaba frustrada porque no había armonía en las frases, no había música y terminaba tirando papel y lápiz hasta otro nuevo intento.

Y cada vez que lo intentaba me decía hoy si lo lograré, pero era inútil, aunque el deseo era genuino; y yo decía en mis pláticas a Dios, solo quiero una canción, una nada mas donde yo pueda expresar lo que eres en mi vida lo que Tu representas para mí, es más, esto queda entre Tú y yo.

Yo sé que Tu sabes lo que siento en mi corazón pero yo quiero saber que lo logré, y saber que me concediste ese deseo inmenso de demostrarte mi adoración, pero no lograba el objetivo, y terminaba convencida que nunca podría hacer algo inédito, algo exclusivo para El.

Sabía también que no tenía, ni tengo voz de cantante, ni dicción y decía; "Disculpa Dios quizás tu no quieres que te cante, no lo sé hacer bien, y no me lo quieres decir para no lastimarme, buscaré otra forma de adorarte", hay muchas formas de adorar a Dios y las he hecho todas, pero el anhelo de mi corazón era cantarle a Él, que El pusiera un cántico nuevo en mis labios! . . . ¡Lo anhele tanto!!.

Una noche en la iglesia donde me congregaba se celebraba un concierto de alabanza y adoración a Dios, donde se dieron cita muchos cantantes cristianos y hay una hermana que canta muy lindo al Señor con esa voz preciosa que Dios le dio, cuando yo escuché que la hermana Connie venia de la capital a cantar a mi iglesia yo dije no me lo puedo perder.

Ya esa noche en el concierto cuando la escuché a ella cantar me deleité tanto en el Señor y le dije a Él, solo una, dame solo una canción que suba hasta Tu trono, me sumergí tanto en ese deseo, que sentía que la música resonaba en mis oídos y penetró tanto y tan profundo, que a la hora de irme a la cama aun oía las notas de todas las canciones que se habían cantado en ese lugar pero de una manera diferente muy especial y cuando al siguiente día estaba en mi oficina aún seguía arrobada por esa notas musicales.

Tanto así que se llegó la hora de tomar el almuerzo, no salí me quedé en mi oficina todavía influenciada por esas dulces melodías, y allí sola sentada frente a mi escritorio pude sentir como si una mano fuerte y suave a la vez tomaba la mía y comencé a escribir, ¿y saben que?, allí estaba la letra de la primera canción—"**Quiero ser adorador**"—ese fue el primer canto que me regalaba mi Papi Celestial.

Quiero ser adorador

Yo quiero ser adorador, y adorarte oh mi Señor

Yo quiero ser adorador, y exaltarte con mi voz

Porque tú me enseñaste la verdad

Porque tú me mostraste santidad

Yo quiero ser como tu y alabarte con mi ser

Yo quiero ser como tu y completar mi gozo en ti

Coro

Señor yo quiero alabarte

Señor yo quiero bendecirte

Señor yo quiero adorarte hasta el fin

Hasta el fin //

Así sencillamente, sin esfuerzo, sin componendas, con estrofa, con coro, con ritmo, con música, si así como lo leen música divina, música del cielo y es que Papi Dios si sabe nuestros deseos más íntimos y una vez más pude comprobar que si nosotros permanecemos en El, el cuida de nosotros y se goza de poder complacernos porque que padre que su hijo le pide pan le dará una piedra,**(Mateo 7:9-11)** así el Padre Celestial proveerá de todo lo que deseemos y necesitemos de acuerdo a nuestra fe y conforme sus riquezas en gloria. **(Filipenses 4:19)**

"Pedid y se os dará, buscad y hallareis" **(Mateo 7:7)**, que grandes promesas, y nosotros no nos atrevemos a abrir la caja de regalo que nuestro Padre tiene para cada uno, El dice en su Palabra que Él nos da sin medida y sin reproche! Si es cierto! yo lo he comprobado.

Por ese tiempo trabajaba como auditora en una empresa automotriz y llevaba varios años pidiendo vacaciones, pero no lograba que me las autorizaran, mi jefe siempre me decía "después las toma en estos momentos la empresa la necesita" de esa forma pasaron muchos años: un día después de esa primera canción que Dios me dió, andaba haciendo unas diligencias de la empresa cuando iba de regreso pasaba yo frente a una clínica una de las más prestigiosas de la ciudad, cuando un joven como de unos diecisiete años se nos atravesó en el camino con su coche, provocando un accidente y la única que salí "lastimada" fui yo, los carros y las demás personas que me acompañaban salieron ilesos, y a la empresa no le quedó de otra que mandarme a descansar".

"Te va a doler muy fuerte la cabeza y vas a experimentar mareos y como que vas a delirar por el efecto de la anestesia; no te preocupes que eso es pasajero producto del golpe"—y es que me hicieron catorce puntadas en la frente y boté mucha sangre, y cuando pongo la palabra lastimada entre comillas es porque todo lo que me dijo el doctor que pasaría, no sucedió.

Yo me sentía de lo más bien ni siquiera el pinchazo para aplicarme la anestesia lo sentí, lo único raro o diferente que sentí fue en la noche cuando acostada en mi cama comencé a percibir una sensación de incomodidad que no me dejaba conciliar el sueño a pesar que todavía estaba bajo el efecto de la anestesia, pero no quería estar allí en mi cama, aunque la recomendación del doctor fue de "reposo absoluto".

Pero a medida que avanzaba la noche yo sentía como un zumbido en mis oídos, y algo que me daba vueltas en la cabeza pero no coordinaba que era, y pensé " debe ser lo que me dijo el medico que experimentaría" producto del chichón que tenia en la frente; pero la sensación era muy diferente a malestar corporal, la inquietud provenía del Espíritu Santo y la orden era que me levantara y que me dirigiera a una mesita que tenia en la sala donde hacía los estudios de la biblia y demás menesteres que nos daban en la iglesia.

No soporté más, me dirigí a la mesa y abrí la biblia, pero no sentí nada especial que Dios me quería decir en ese momento a través de su Palabra, y de repente empecé a entonar un cántico que nunca había oído, pero era como si lo hubiera oído de siempre y lo empecé a escribir en mi cuaderno y cuando hube terminado vino otro y otro más sin parar, y en tiempo que no se si record tendría que consultarlo con Ripley o el libro Guiness pero en menos de media hora tenía veinte cantos inéditos basados en la poderosa Palabra de Dios y lo que es más; con tonada y todo !aleluya!. Aún me gozo, como si fuera ayer, sin medida y sin reproche dice su Santa Palabra.

Y lo que más me produce gozo es que esa fue la manera como Papi Dios me sacó del trabajo para darme vacaciones, pensarán algunos que un poco loca la forma jijiji . . . pero así actúa El muchas veces como para ponernos un poco de chispa de humor a la vida, ya que contrario a lo que piensan muchos Papi Dios es alegre no es un ser aburrido y el quiere que nosotros siempre estemos gozosos, "lo que al mundo parece locura a los creyentes es poder de Dios" (1 de Cor. 1:18.)

El me dió este pequeño descanso porque quería compartir conmigo el regalo de las cantos, pues El sabia cuán importantes eran para mi, no quería testigos era a solas y en la quietud de la noche. Ahora yo reviso mi frente y no hay huellas de la cirugía, muy apenas si se distingue una línea muy fina, que tengo que decirlo para que lo noten, y aparte de los cantos esta línea en la frente quedó para refrendar este testimonio de lo que les digo.

El se ocupó de todo hasta el accidente lo sufrí frente a una clínica, obvio el no iba a permitir que yo botara sangre sin asistencia inmediata, se ocupó hasta del más mínimo detalle, así que todo lo planeó de tal forma que yo no quedara con problemas de salud.

Dice nuestro hermano mayor Jesucristo, "Sus palabras son Vida y son Verdad" (*Juan 6:47-58*), solo tienes que ingresar a la Fuente, refrescar tu espíritu y sobre todo llenarte de Él, anda no solo leas esto, experimenta y verás cuantas cosas maravillosas hará Dios en ti y por medio de ti.

Otro punto importante es que Dios actúa en el tiempo que él tiene previsto para cada uno de sus hijos, muchas veces desesperamos, queremos ver resultados de inmediato y aunque Dios en muchas ocasiones actúa automática y sobrenaturalmente en otras da un compás de espera, no para El; sino para nosotros mismos en el cual nos prepara para la Victoria.

Recuerda Daniel ayunó veintiún días con sus noches (**Daniel 10:2-3**) y no fue sino hasta el final de su ayuno que Dios respondió, no sin antes hacerle ver que desde el primer día estuvo con el, y que durante esos días Él estaba limpiándole el camino peleando por Daniel la batalla para darle la Victoria.

Período que Daniel no podía ver lo que Dios hacía por el; y que pudo haberlo hecho desistir de su propósito y de su fidelidad hacía el único Dios que el reconocía y adoraba, pero se mantuvo creyendo sobre todo; y podemos ver el resultado de su fe de su anhelo; en ese momento, potestades y principados fueron derribados y Daniel salió mucho muy bendecido.

Tú mismo quizás le estés pidiendo a Dios por alguna necesidad por un deseo anhelante de tu corazón y quizás no has visto la señal que demandas, pero aprende a esperar en el Señor, yo me lleve trece años queriendo hacer tan solo un pequeño canto a Dios, y él me dio una lista de cantos capaces de hacer dos producciones aleluya y me la dio con grabación y todo al grado de poder llevar esa música a varios lugares dentro de mi país Honduras y en los Estados Unidos de America en donde he visto la mano de Dios moviéndose a través de mi primera producción musical.

¿Cantante yo? Jamás pero ni en mis mejores momentos de imaginación lo hubiera creído, y saben que, aún no lo soy pero a Papi Dios le plació en gran manera utilizarme como vaso de honra para que otras personas fuesen bendecidas a través de ese medio y para honrar la fe, la confianza y el deseo imperioso de mi corazón de tan solo poder alabarle a Él, no olvides el actúa en el tiempo y el espacio necesario para la condición en que te encuentras y dependiendo de esto Él sabe cuándo y cómo responder a nuestras necesidades.

De allí en adelante el hombre se ve fortalecido en gran manera, cuando el descubre que Dios le apoyará siempre, conforme a la fe que deposite en El, así le honrará y no le dejará avergonzar y le dotará de poder, de ese poder que viene de lo Alto y que solo Dios tiene la potestad de entregar *El poder en las manos del hombre . . .*

CAPÍTULO 4

El poder en las manos del hombre.

DESDE TIEMPOS ANTIGUOS el hombre siempre ha mantenido un lucha férrea y constante por obtener poder del hombre por el hombre, y en esa búsqueda insaciable la humanidad se ha embarcado en diferentes empresas para obtener el dominio y la supremacía sobre los demás, a tal grado que se han librado grandes batallas entre naciones, enarbolando paradójicamente en muchas ocasiones la bandera de la paz,; y argumentando que es necesario llegar a tales extremos el hombre ha pasado por encima de los demás para conseguir el poder a costa de lo que sea, no importándole los medios, solo lograr el fin que buscan.

Y es que es fabuloso tener poder, ¿a quien no le gustaría que a cada pensamiento que a cada deseo o capricho se vea unida la acción? Pero por mucho que se afane, el hombre nunca se ve satisfecho en sus ansias de poder, y se han levantado naciones, reinos y nombres de hombres que por diversas hazañas, ya sea con actos malvados o loables han obtenido un reconocimiento a nivel mundial, y adquirido un nombre que les ha abierto puertas y debido a esto los hacen gozar de ciertos privilegios, pero de forma limitada ya que ningún mortal ha podido obtener el dominio total, por muy vehementes que hallan sido sus deseos.

Pero ¡atención! tengo el privilegio de conocer un hombre maravilloso y excepcional, que en verdad ostenta el poder, desde todo los ángulos que persona alguna quisiera obtener, un hombre que a través de los siglos su poderío lejos de menguar se ha ido extendiendo y cobrando cada vez más popularidad haciendo que el número de seguidores vaya en incremento hacía los cuatro puntos cardinales, y aún más importante ha logrado que los escépticos cada vez se interesen en saber más y más de Él, porque sus teorías y pensamientos no encuentran fundamento a su incredulidad, y en el querer desmerecer el poderío y la influencia que provoca este ser espectacular en la vida de jóvenes, ancianos y niños.

Por mucho que se esfuercen no encuentran explicación a este fenómeno, y si no díganme ¿qué rey, presidente o gobernante de país alguno a logrado marcar la vida de la humanidad?, a tal grado que se hayan ellos convertido en el punto de partida para todo acto importante o trascendental en la vida de la humanidad y con carácter de eternidad.

Pero el hombre a quien me refiero es uno de nombre sencillo, pero no hubo no hay, ni habrá otro nombre dado a los hombres ni en la tierra ni en los cielos ni debajo de las aguas en el que la humanidad encuentre tal identificación Su nombre es **JESUCRISTO, (Hechos 4:11-12)** y es así que la historia misma se enmarca en dos grandes épocas y se dice antes de su nacimiento A. de C. y después de su nacimiento D. de C. y es bajo este nombre que nacemos, nos bautizamos, cuando morimos lo hacemos bajo este nombre, nos casamos en su nombre y algo sin par todos recordamos su venida a esta tierra tanto así que ese día se paraliza toda industria, todo comercio, naciones enteras con sus reyes y gobernantes se alegran se regocijan y celebran en su nombre.

Pero todo esto que he mencionado se queda muy pero muy pequeño ante el hecho más trascendental que marca este maravilloso Jesús y es el hecho que venció la muerte, habiendo descendido a lo más profundo del seól para RESUCITAR a la vida **(S. Juan 20:1-10)** y con ello darle la Victoria a la humanidad entera! Si! Así como lo lees el regresó de lo más profundo de las tinieblas, desde el mismo infierno para que tu y yo no tuviéramos que recorrer ese camino, y así enseñarnos otro camino mejor hacía la eternidad pero una eternidad llena de luz, de su Luz resplandeciente !Aleluya! Resucitó, si Resucitó! Resucitó para darnos PODER! . . .

Pero ¿Quién es este Hombre? Se han llegado a preguntar muchos, que aún los vientos y los mares embravecidos le obedecen a un solo mandato de su voz, **(Marcos 4:39—41)** quien es este hombre que con dos pececillos y unos cuantos panes ha logrado alimentar multitudes hasta saciarlos, **(Juan 6:1-13)** que rey o personaje importante a logrado que los demonios tiemblen tan solo al oír su nombre y se le sujeten,**(Lucas 10:17-20)**

Solo El nadie más lo ha logrado, pero ni Julio Verne con su mente fantástica de ciencia ficción, ni Steven Spielberg con todo el aparato de producción de Hollywood lograron producir un cuento o historieta capaz de llamar la atención mundial y mantener esa misma atención a través de los siglos, pero ante estos hechos que no tienen nada que ver con lo fantástico, porque han sido una preciosa realidad a través de los siglos, que nos han dejado atónitos, precisamente por eso por la magnitud de su naturaleza divina mezclada con la humanidad, porque esos hechos no son cuentos ni fábulas; y porque siempre la realidad superó a la ficción y **Cristo** no es un mito, es una bendita realidad, si! **JESUS!** Es y seguirá siendo real en tu vida y en la mía.

Y recibiréis poder cuando haya venido sobre vosotros el Espíritu Santo de Dios . . . (Hechos 1:8)

Si tan solo el hombre a través de los tiempos hubiese sido más humilde y no hubiese sido tan soberbio y ego-centrista quizás se hubiera dado cuenta de cuál es la forma de adquirir el mayor poder que no trata de dañar al prójimo, que procura armonizar con la naturaleza de este ser Superior que todo lo puede, que todo lo sabe y que está dispuesto a otorgarnos de ese tan ansiado poder, es fácil, es sencillo, solo necesitas reconocer que eres inferior a ese Ser, doblar rodillas y anunciarlo como el Señor de tu vida y listo, *tendrás poder*.

Nuestro Señor Jesús, cuando estuvo en la tierra y habiendo llevado con éxito la misión encomendada por el Padre, dijo así parafraseando los términos textuales, "me voy pero no los dejo solo, les dejos una compañía que es como si Yo estuviera, el cual los dotara de PODER solo tienen que pedirlo en mi nombre". Si así como lo oyes ese poder que has andado buscando no sé por cuánto tiempo, ya no será más un sueño será una realidad si tu deseas. **(Hechos 2:17-21)**

Sabes algo Jesucristo no es hombre para que mienta ni hijo de hombre para que se arrepienta, El lo prometió y lo cumplió, y el poder está allí al alcance de tu mano, para que toda la humanidad ostente el tan ansiado poder ilimitado, y que solo lo encontramos por su medio, nos lo da tan solo buscarle a Él.

Al fin el poder en las manos del hombre se hace realidad, todos podemos gozar y hacer uso de ese poder sin medida y sin reproche, El nos lo da abundantemente para emplearlo en todo lo bueno, todo lo puro, todo lo que sea de buen nombre. **(Filipenses 4:8-9)**

Quizás alguien pueda decir por mucho poder que me sea dado yo no podré hacer los prodigios y maravillas que el hizo puesto que él es Dios, pero Él dijo: "Cosas mayores de las que Yo hago las haréis en mi nombre" **(Juan 14:12)** he allí la clave haremos cosas grandes y portentosas, pero en su nombre es que realmente lo lograremos, no es tu inteligencia, ni tu poder ni tu audacia la que te llevara a lograr ese gran Poder con éxito, sino la nueva vida que adoptes en Cristo, de la llenura de su Espíritu Santo y de la obediencia al Padre Todopoderoso, porque Él dijo "separados de mi nada podéis hacer" **(Juan 15:5)** Cristo es el Poder y la inteligencia misma.

Dice la Palabra de Dios que cuando el Espíritu Santo viene a nosotros hay un cambio radical en la vida del creyente, así como sucedió a los que estaban reunidos un día en el Aposento Alto que vieron como lenguas de fuego descendían de lo alto y fueron ministrados de tal manera que hablaron en nuevas lenguas y aún los curiosos del lugar no podían creer lo que estaban viendo. **(Hechos 2:1-13)**

Pero que paso con estas personas?, fue tan grande el Poder que recibieron que fueron impulsadas a hacer cosas que en su vida nunca siquiera pensaron que harían, personas indoctas del vulgo y que la mayoría de ellos solo sabían trabajar la pesca, ahora hablaban con tal denuedo y hacían cada milagro y prodigio por el poder que se les había prometido y que ahora lo tenían en sus manos y cosa maravillosa lo podían usar. **(Hechos 2:1-15)**

Antes de venir a los pies de Cristo siempre fui una persona muy nerviosa insegura de mi y casi no tenia amigos, mucho menos me gustaba hablar en público, una mañana de Domingo llegaron a la iglesia unos jóvenes quienes habían sido invitados para que ministraran con la música, ellos venían de estar varios días en la montaña en ayuno y oración, motivo por el que bajaron de ella muy ungidos llenos del Espíritu Santo, y cuando estaban ministrando con la música, uno de ellos hizo un alto y dijo con una voz muy suave, "El está aquí y quiere bautizarte, solo déjate llevar,".

Desde que acepte a mi Señor Jesucristo como mi Salvador y habiendo leído la porción bíblica que dice que una de las manifestaciones de haber recibido el bautismo por el Espíritu Santo es el hablar en lengua angelical, desde ese momento siempre lo busque, y procuraba hacer todo lo que la biblia dicta respecto a su sana doctrina, me bauticé casi de inmediato en agua, lo deseaba de lo mas profundo de mi corazón, sin haber recibido charla o adoctrinamiento alguno, el pastor dijo en esa ocasión "déjenla que entre a las aguas si es su deseo genuino".

Pero el hablar en lenguas no llegaba y me sentía un poco frustrada en ese entonces, pues yo decía "¿porque otros si y yo no?" si se supone que las promesas son para todos por igual.

Así paso un año y medio en esa búsqueda, pero esta mañana de domingo cuando el hermano dijo "El está aquí y quiere bautizarte", supe que era como exclusivo para mí este mensaje de parte del Espíritu Santo.

Entonces de inmediato sentí como algo que llenaba todo mi cuerpo, no lo puedo explicar pero era algo caliente con una calidez rayando en ternura, que entraba por mi cabeza recorriendo todo mi cuerpo y empecé a temblar de tal manera que parecía que mi cuerpo había recibido una descarga eléctrica, luego sentí que algo pienso que era mi lengua que subía desde la garganta y como si se abriera a algo diferente desconocido, empecé a hablar no en mi lengua habitual, y que no entendía que era, pero en ese momento supe que había sido bautizada por el Espíritu Santo y con evidencia de hablar en lengua angelical, luego caí al suelo por varios minutos, pero era como si estaba entre nubes rodeada por ángeles.

Recuerdo que después de este evento me sentí fortalecida de ese poder Divino, y esa mañana en la congregación e impulsada por el Espíritu Santo levante mi mano y dije al Pastor yo quiero hablar unas palabras de lo que he recibido, quiero compartir con los demás, y el hermano me cedió el pulpito y pude expresar lo que estaba experimentando esos momentos.

Yo sentí como algo inexplicable se había apoderado de mi debilitada fuerza y podía pararme ante esa congregación y hablar de frente y con la mayor seguridad del mundo, y cuando hube terminado el pastor me dijo, "sabe nunca la había oído hablar así, usted a sido muy tímida pero hoy es otra persona, antes llegaba se sentaba en las ultimas filas de bancas y se limitaba a escuchar y no interactuaba con nadie y esto que veo ahora solo puede ser producto del poder que ahora a sido depositado en su ser, siga adelante".

Y claro que seguí adelante no por el mandato del pastor al cual debo respeto obediencia y sujeción como lo manda nuestro Padre Celestial en su Palabra, **(Hebreos 13:17)** sino que seguí adelante porque a partir de ese día ya no podía ser más pasible, había sed en mi de buscar más de ese Poder y fue así como fui *De Poder en Poder . . .*

CAPÍTULO 5

¡De Poder en Poder!

DE PODER EN Poder de victoria en victoria así es nuestra vida cuando la vivimos en Cristo Jesús, y la plataforma que te impulsa a escalar un peldaño más y hacía una victoria segura son los problemas y obstáculos con que te encuentras en tu andar con Cristo Jesús, y quizás no estés de acuerdo conmigo en esta apreciación pero; dice la Palabra de Dios que "es necesario que hayan problemas"

De repente te preguntarás; pero ¿porque es necesario que hayan problemas? porqué es una de las formas en que se puede ir midiendo el crecimiento de un cristiano y en la medida que sean salvados los obstáculos con el respaldo de Dios, es cuando la vida espiritual del cristiano empieza a ir en escala hasta lograr esa madurez espiritual que te permite permanecer al margen de cualquier acechanza del enemigo, es decir no es fácil que el enemigo te haga retroceder o caer.

Pero hay de aquel por quien vengan los problemas", continúa diciendo el versículo. Ahora si analizamos de donde es que vienen los obstáculos y los problemas, nos damos cuenta que vienen del enemigo, o sea de satanás.

Se ha dicho en innumerables ocasiones que el diablo es un ser poco o nada sabio y en su afán por querer contradecir la palabra de Dios, hace cuánto está a su alcance para lograrlo, y trata de poner obstáculos para hacernos desistir de que sigamos los pasos del amado Maestro que es toda Sabiduría y Verdad.

Pero lo único que logra con esto es que nos demos cuenta del poder de nuestro Padre Celestial; porque cada vez que tenemos dificultades y nos arrodillamos delante del Dios Todopoderoso y clamamos a Él, su Santo Espíritu acude en nuestro auxilio y nos da ese poder para hacer frente al enemigo y con ello logramos una vez más la victoria, lo que hace que nosotros crezcamos espiritualmente, y vayamos cada vez de poder en poder.

Dice la escritura que nuestro Señor Jesucristo venció al diablo en el desierto con su Bendita Palabra **(Mateo 4: 1-11).**

Imagínense al diablo pidiéndole absurdos puesto que nuestro Señor Jesús es el mismo Dios dueño de todo cuanto existe el no tiene que pedirle nada a nadie ni rendírsele a nadie pues El es Soberano, y aún cuando estaba en la Cruz en medio de los dos ladrones y ante la multitud que lo vituperaban nuevamente llegó a querer persuadirlo para que se revelara y para que desistiera de terminar el plan de salvación y lo tentó nuevamente pero Cristo una vez más lo venció y para siempre.

¿Cómo lo logro? Pues sencillamente recitándole la Santa Palabra y manteniendo la confianza en el Padre. **(Mateo 27:39-43).**

Es por eso que la victoria de hoy en día es segura para los que le seguimos y confiamos en El. Sabes el enemigo siempre se acercará a ti para hacerte desistir de que confíes en Dios y querrá echar por tierra todo lo que te relacione con El. Pero cada vez que tú te paras en la Roca que es Cristo y actúas confiadamente viéndole a Él, no viendo a las circunstancias Él te dará la victoria segura.

En los primeros días de mi andar con Jesucristo, tenía hambre de leer su Santa Palabra y me quedaba hasta altas horas de la noche escudriñando las escrituras, y uno de los pasajes que más me gustaba y de hecho me gusta todavía, es en los evangelios que narran como fue crucificado (**Mateo 27:32-56**) nuestro Jesucristo por causa de nuestros errores y pecados, y la forma impresionante como resucitó, (**Mateo 28:1-10**) eso me impactaba y lo leía una y otra vez.

Cierta noche mientras leía estos pasajes, escuché la voz de satanás que decía a mi oído, ¿tú te crees todo eso que estás leyendo? ¿Como crees que alguien que murió va estar vivo después de tres días de considerársele clínicamente muerto? Eso es mentira, Él está muerto . . .

Mi primera reacción fue de miedo imagínense con una semana de conversión, no me sentí preparada para discernir esa voz que la oía bien clara a mi oído, que trataba de convencerme de que perdía mí tiempo leyendo ese libro, esa noche deje la Biblia y me acosté pero no pude dormir pensando en esa voz y en lo que me decía.

Al día siguiente en cuanto pude hablé con el pastor de la iglesia a la que asistía, le expliqué cómo esa voz se acercaba a mi cuando trataba de leer más de la Palabra; entonces el pastor con una sonrisa que aún recuerdo me dijo, eso significa que usted es algo especial en las manos de Dios y que le va a dar mucha guerra al diablo, él lo sabe y tratará de persuadirle para que desista de seguir en el camino de Dios.

Por eso cuando la moleste nuevamente dígale en voz alta "diablo mentiroso no te tengo miedo porque estoy cubierta con la Sangre de Cristo de la cabeza a los pies, declaro que lo escrito en la Santa Biblia es verdad, porque Cristo es la Verdad, y tu un mentiroso y te hecho fuera de mi mente y de mi vida, y voy a leer la Palabra de Dios de día y de noche aunque no te guste".

Efectivamente cuando volví a abrir la Biblia vino nuevamente esa voz a tratar de confundirme, y le dije lo que me dijo el pastor y que ustedes acaban de leer, y sentí en el ambiente como algo pesado y flotante, que algo como una presencia desagradable estaba cerca de mí y en el momento que mencione la Sangre de Cristo, se movió como quien da un paso hacía atrás y huía de mí, y se fue . . . ¡ajajá! se fue, como me gocé, se fue como lo que es, como un cobarde, y supe en ese instante que le tenía y le tiene miedo a nuestro Héroe, porque se fue para nunca más volver! Aleluya!

Recuerda que "es necesario que se den los problemas" por eso es que tenemos que avanzar en nuestro andar con Cristo, el primer peldaño que escalamos es cuando aceptamos a nuestro Señor como nuestro único y suficiente Salvador, en esta etapa el enemigo arreciará de tal forma en tu vida para hacerte retroceder y experimentarás como si los problemas se te acentuaran más, y cada vez te enfrentarás a nuevas situaciones de dificultades, a tal grado que muchos cristianos han llegado a decir "ni cuando estaba fuera de la cobertura de Dios en el mundo, tuve tantos problemas como ahora, que le he aceptado".

Pero de lo que no nos hemos percatado es que el enemigo nos mantiene en ese estado de adormecimiento para que no acudamos en busca de Dios y así tenernos bajo su yugo que es el pecado, pero si bien es cierto que estos problemas y dificultades provienen del enemigo, al tomarnos de la mano del amado Maestro y enfrentarnos a ellos, veremos más temprano que tarde, como salimos vencedores en el nombre de Jesús.

Y cuando nos damos cuenta estamos en un momento de nuestra vida espiritual en donde hemos ganado altura y empezamos a echar raíces de tal forma que pueden venir vientos y tempestades y no nos moverán de la Roca que es Cristo Jesús.

Dice la Palabra de Dios que somos más que vencedores en Cristo Jesús **(Romanos 8:37)** y que Jehová no ha perdido batalla, entonces cuando viene la hora de la prueba sabemos que la victoria es segura.

En el hogar de mis padres ellos siempre procuraron que fuésemos una familia unida y que veláramos unos por los otros a tal grado que era difícil que entre hermanos hubiera diferencias y pleitos nos llevábamos muy bien y en armonía.

Cuando yo vine a los pies de Cristo, recuerdo que estaba en la llamada etapa del primer amor, vivía una euforia y solamente hablaba de mi Señor Jesucristo y su Santa Palabra y todo lo que provocaba en mí ser mi nueva relación, y mis hermanas lógicamente no entendían mi nuevo lenguaje y empezaron a rechazarme, yo me sentía relegada y sola, no tenía con quien compartir y eso me hacía sentir mal y una de mis hermanas con la que más afinidad tenia me dijo "Desde que te cambiaste de religión nos han venido problemas en la familia"

No es que no nos hubiesen enseñado que existía un Ser Supremo y Divino, lo sabíamos aceptábamos y adorábamos, pero de una forma diferente muy lejano, no lo sentíamos así viviendo en nuestro ser, pero al sentirme culpable de las diferencias familiares, me decía en mis adentros, será mejor que deje todo esto y siga mi forma de vida como antes.

Lo que no entendía era que había una lucha de la carne con el Espíritu, el diablo queriendo rescatar lo que ya se le había escapado de las manos, hablé con el Pastor y me dijo "no es hora de llorar es hora de doblar rodillas y reclamar su familia para Cristo, ellos están bajo promesa". **(Hechos 16:31)**.

Y así mismo lo hice y lo sigo haciendo, a tal grado que la mayor parte de mi familia ha venido rendida a los pies de Cristo y ahora la relación es mucho mejor, para la honra y Gloria de Jesús de Nazaret.

De esa forma Dios cambió mi lamento en baile, **(Sal 30:11)** que maravilloso haber resistido los dardos del enemigo, si hubiera retrocedido ahora no estaría disfrutando de un estilo de vida mejor que la anterior.

Después que superas esta etapa entramos a otras esferas de poder que iremos experimentando en el camino, pero ya más fortalecidos por la Palabra, por la oración y por el vivir bajo la voluntad del Padre Celestial, y ya no podemos quedarnos con lo que hemos recibido sino que tenemos que compartir nuestro testimonio a los demás, y comenzamos a dar frutos, en donde las demás personas empiezan a notar un cambio radical en nuestra vida, por nuestros actos y nuestra forma de ser. De gracia recibiste dad de gracia, dice su preciosa Palabra. **(Mateo 10:8)**

Al poco tiempo de haber aceptado al Señor Jesús en mi corazón, unas hermanas de la iglesia me invitaron a ir al hospital, ya que otra hermana de la congregación estaba hospitalizada, y fui con ellas, la hermana hospitalizada tenía una depresión profunda, aducía que se sentía sola, que la carga económica de su casa recaía solo en ella, su salario era muy poco y se sentía muy enferma por todo esto, los médicos decían que no tenía nada físico todo estaba normal excepto su estado de ánimo.

Las hermanas oraron por ella y la ungieron con aceite, y al final cuando ya nos despedíamos, le dije a la hermana;

no tengo mucho conocimiento de la Palabra pero leí en un versículo donde nuestro Señor Jesús dice que no tiene donde recostar su cabeza **(Lucas 9:58)** y aún así tomó mi carga que era bastante pesada por cierto y no solo la mía si no que la de todos lo que le seguimos, ¿no será que usted no ha echado toda su carga sobre El? porque si lo hace la hará descansar.

La hermana me quedo viendo fijo y se quedó pensativa por unos instantes, y me dijo "sabe hermanita, sus palabras me han redargüido, ¿cómo es posible que yo haya pasado por alto esto? Y que tú siendo tan tierna en la fe me estás dando una lección', le contesté que sentí la necesidad de expresar esas palabras, y bueno, desde ese mismo momento, según testimonio de la hermana, ella se sintió mejor, pidió perdón a Dios y al día siguiente fue dada de alta porque ella estaba más optimista y sabía que Jesucristo le ayudaría con la carga.

La Palabra de Dios, amados es Poder y cobra vida y cuando tú la sueltas, en el nombre del Espíritu Santo redarguye, consuela, guía, instruye, solo es necesario darla, a los que la necesitan. ! Si! De esa forma nos involucramos en la obra del Señor enseñando y predicando a los demás, niños, jóvenes y adultos y de nuestras experiencias vamos enseñando y sirviendo de ayuda para la edificación de otras personas con problemas similares a los que nosotros nos hemos enfrentado.

Y así vamos creciendo todos por la Gracia de Dios, a tal grado que tomamos nuevos retos, tomamos cargos dentro de nuestra congregación, al servicio de la comunidad.

Esta etapa es preciosa porque experimentas del poder de Dios de una forma más contundente y palpable de que Nuestro Padre Celestial está en el asunto junto a ti, respaldándote en todo para darte seguridad de que no estás solo, sino que el Fuerte de Israel va delante como Poderoso Gigante al frente de todas las batallas diarias en que nos enfrentamos con el enemigo.

Otra de las etapas más maravillosas que logramos alcanzar es cuando ponemos en práctica el mandato de "Id por todo el mundo y predicad el evangelio a toda criatura" **(Marcos 16:15).** Al enfrentarnos a todo tipo de artimañas del enemigo y ver como la mano de Dios y su cobertura está con nosotros, se alejan temores y la inseguridad de si podremos o no enfrentarnos al enemigo porque es allí cuando realmente podemos decir por experiencia propia que Dios es una coraza alrededor nuestro, un muro de fuego que nos rodea, donde el maligno no puede alcanzarnos ni hacernos daño.

Ahora mismo en este preciso momento que estoy escribiendo este capítulo está desarrollándose una tormenta tropical muy fuerte aquí en la ciudad de Atlanta, y la descarga eléctrica es muy fuerte a tal grado que me apagó la computadora y se me borro más de la mitad de lo escrito, lo busque por todos lados, tuve que reiniciar la máquina y dije Señor en el nombre de Jesús necesito recuperar el escrito de este capítulo que habla del poder que produce Tu palabra y esto no es la excepción, permíteme testificar de ello y cosa maravillosa automáticamente me apareció la porción que se me había borrado. ! Aleluya!

Como les vengo comentando desde los inicios de mi conversión siempre me gusto inmiscuirme en la obra de Dios acompañando a las hermanas más fuertes y experimentadas en la fe, tratando de aprender cada día más y así, predicando, evangelizando, orando por los demás, asiduamente vi la mano de Dios en mi apoyándome en todo pero, siempre fui un tanto temerosa en lo que se refiere a los demonios y pensaba erróneamente que eso era solo para pastores y ancianos de la iglesia, personas que estaban más preparadas para este tipo de manifestaciones.

Unos años mas tarde, cuando ya era líder de un grupo familiar, una madrugada tuve una experiencia grandísima para mí, pues una hermana de la iglesia tocó a mi puerta y me levanté un poco sobresaltada por la forma fuerte de tocarla, cuando le abrí me dijo "Hermana quiero que vaya a ver a mi hijo no sé qué le pasa parece que esta endemoniado"; mi primer pensamiento fue decirle llame a un pastor o un anciano de la iglesia, pero ante la desesperación de la hermana y recordando la Palabra de Dios que dice que no nos ha dado

Dios espíritu de cobardía, si no de poder de amor y de dominio propio,(**2da. a Timoteo 1:7**) y estando predicando yo continuamente que en su nombre echaremos fuera demonios (**Marcos 16:17-18**) me vestí y fui con la hermana.

Cuando entré en la habitación donde estaba el muchacho vi algo grotesco, vi como su cara estaba transformada como en un monstruo, sus ojos agrandados, desorbitados, su dentadura fuera de su boca como a punto de dar una gran mordida, su espalda inflada como listo para abalanzarse sobre su presa, y sus manos crispadas como garras; con mucha fuerza se revolvía en la cama, cuando llegué y me acerqué a su lecho, me tiro de manotazos como para arañarme la cara y no logró alcanzarme, a pesar de que estaba a unos centímetros de su pecho.

En ese momento mientras él me atacaba y yo imponía manos, al tiempo que soltaba la Palabra, pude sentir como algo estaba cubriéndome de la cabeza a los pies y las uñas de sus manos chocaban en esa barrera en esa coraza protectora, !Aleluya! que me cubría, y me di cuenta allí en ese mismo instante que el enemigo no podía hacerme daño y me llene de confianza, de valor, de poder de Dios y comencé la lucha, lucha que terminó en victoria, porque el chico fue liberado, confesando el que había hecho pacto con el diablo a cambio que le diera poder y dinero, debido a la condición de pobreza que había en su casa.

Y la victoria fue tal que en ese barrio habían muchos muchachos que formaban parte de grupos de pandilleros, y al ver la condición en que estaba el joven y luego de ver como fue liberado por la misericordia de Dios y el poder de la Palabra, esa noche hubo gran cosecha de almas pues el joven hermanos, y pandilleros fueron alcanzados por la mano de Dios, que terminaron rindiendo su vida a Cristo Jesús, a Él sea la Honra y la Gloria.

Algo que es importante tener presente es que siempre vamos a contar con la cobertura de nuestro Padre, ya que el enemigo el diablo, siempre tratará de intervenir, puesto que ya no tiene ningún tipo de control sobre los hijos de Dios y querrá estorbar la obra de una u otra forma, y de alguna manera meterá cizaña para detenerte o mejor dicho para detener la obra de Dios, pero como Papi es Todopoderoso eso no va a poder ser nunca, así que hay que abrir brecha con la Palabra.

Es muy importante resaltar el hecho de que para mantenernos fortalecidos para hacerle frente al diablo, tenemos que estar en comunión con el Santo Espíritu de Dios, para ello, aparte de leer su Palabra, y hacer oración, es necesario hacer ayuno pues con el se rompen diversos géneros de opresión y yugos de esclavitud.

La iglesia en donde me congregaba por lo general los sábados nos sometíamos a ayuno y oración para salir a evangelizar a la comunidad y nos encontrábamos con muchos casos en los diferentes hogares que visitábamos, con personas enfermas, deprimidas, matrimonios en crisis, jóvenes en drogas y rebeldes y muchos casos más en donde con el paso de casa en casa dejábamos sembradas esperanzas, nuevas fuerzas, salud y tantas cosas más que solo con el favor de Dios se pueden conseguir.

Uno de esos sábados que andábamos un grupo de hermanas, alguien se nos acercó y nos dijo que en una de las casa de ese bloque que estábamos visitando había un muchacho que se estaba muriendo, porque se había infectado de sida y los médicos le habían dicho que no se podía hacer nada ya que se encontraba en la etapa terminal, nos encaminamos hacía esa casa y encontramos un cuadro bastante triste, el joven estaba postrado en una hamaca extremadamente delgado mejor dicho la piel pegada a los huesos con gran fiebre, mojado en sudor producido por las altas temperaturas de su cuerpo, y llorando parecía solo estar esperando el momento de exhalar el ultimo suspiro.

Su familia que habían llegado de todas partes de la ciudad porque el los había mandado a llamar para despedirse, ya que sentía que era su ultimo día de vida, su madre y hermanas llorando y todos postrados a su alrededor "rezando" sufriendo, presintiendo la partida sin retorno.

En lo personal cuando entré a su habitación me dio un poco de enojo porque todos estaban dando por echo que era lo último, que ya todo estaba dicho, se lamentaban, lloraban y rezaban, quizás esa era su forma de pensar y no conocían otra manera de pedir ayuda o consolarse, lo entendí muy bien, mi coraje era con el diablo que así le gusta ver sumergida a las personas en la ignorancia para que no tengan oportunidad de ver hacía el Trono de la Gracia y que no tengan oportunidad de clamarle al Padre de la Gloria, y sin pensarlo hablé casi gritado, "¿Porque lloran ustedes y que hacen hincados?, . . . ¡aquí nadie se ha muerto!".

Sentí vergüenza por mi reacción pero ya había hablado, y todos los familiares se levantaron y secaron sus lágrimas, yo continué hablando y les pregunté "¿cuantos aquí conocen a Dios Todopoderoso?" y la mayoría dijo "amen". "Bien si le conocemos vamos a orar a El pidiéndole que se manifieste porque solo El sabe cuando uno va a morir, y todos estuvieron de acuerdo conmigo".

Pero ahora el gran obstáculo era la incredulidad del moribundo, el estaba rebelde y de entrada el no quería que orara por el,—"porque ya otros vinieron a orar por mi y no sucedió nada"—me dijo, entonces le expresé que el Espíritu Santo era todo un Caballero y que le respetaba su decisión y forma de pensar, pero que con esa actitud, el solo se estaba cerrando las puertas para que Dios pudiera hacer la obra tanto en su cuerpo como en su corazón.

Entonces accedió a que oráramos por el, tome aceite y lo ungí y le pedí que repitiera una oración conmigo y oramos por liberación y sanidad, hubo cierta resistencia dirigida por el diablo pero como mayor es el que esta con nosotros que el que esta en el mundo, al fin el joven logro repetir la oración de fe y esa tarde el fue liberado de todo conflicto del alma, aceptó a nuestro Señor Jesús como su Salvador y Sanador y habiendo nosotras completado la misión, nos retiramos del lugar.

Días después una hermana del chico me contó que el Domingo al día siguiente que nosotros oramos por el, toda la familia se fue para la iglesia y lo dejaron a el en su dormitorio, cuando regresaron no estaba allí, lo buscaron por toda la casa y no lo encontraron, ellos tenían un cuartito en la parte trasera de la casa y el estaba allí, cuando su mama entró para ver si estaba, escucho que atrás de la puerta el postrado y orando decía, " Señor Jesús, ayer te acepte como mi Salvador, y ahora te quiero pedir que me des una oportunidad de vivir para servirte, pero si no lo crees conveniente para mí, pues se que me voy contigo y aceptaré tu Santa voluntad.

Como ocho meses después de este evento, un día llegando a mi casa ya que venia de mi trabajo eran como las nueve de la noche, una familia me mando llamar para que orara por su bebita como de nueve meses a quien le habían salido unas protuberancias en todo el cuerpo me dirigí hacía esa casa y habiendo terminado de orar, un grupo de hermanos irrumpió de pronto en la casa y luego de preguntar por la salud de la nena, me dijo una de ellas, "¿hermana conoce usted a este joven?" yo le dije no, no he tenido el gusto y todos se volvieron a mirar entre si y se pusieron a reír.

Era un muchacho bien parecido de tez blanca ojos claros color miel y cabellos rubios, de complexión saludable muy apuesto por cierto, y el me dijo "¿no se acuerda de mi?—"yo soy el muchacho que tenia sida y que usted con otras hermanas fueron a orar por mi", ¡me quede estática!.

Si, me quede de una pieza y no porque no supiera o creyera que Dios podría obrar en el, pues Dios es capaz de eso y mucho más; como partir cualquier mar en dos para liberar a su pueblo de toda opresión del enemigo; o como ordenar a la luna y al sol que se detengan por el tiempo que sea necesario para que su gente escogida pueda pelear la batalla frente al enemigo a plena luz del día sin que las sombras de la noche le hagan perder la batalla, y salir bien librada de ella; o como hacer algo más sencillo pero igual de portentoso ante los ojos de los incrédulos como ser el echo de que alguien tan solo toque el borde de sus vestiduras y quede sano al instante.

Lo sorprendentemente maravilloso en este caso que refiero es que el joven completamente incrédulo al principio, nuestro Padre le otorgó la oportunidad que el pidió.

El chico estaba sano, después de aquella visita y habiéndose convertido de corazón a Dios con el tiempo el fue al medico y esta vez los exámenes salieron negativo, Dios lo había sanado, y el se congregó en la iglesia y se consagró a Dios y a su servicio, como le había pedido a solas en aquel cuartito de la parte trasera de su casa a nuestro amado Jesús, petición que le fue concedida, y así tan pronto tomó nuevas fuerzas se preparó para el liderazgo, y en ese momento que lo volví a encontrar estaba presidiendo un grupo de trabajo en la iglesia.

Así es amados, Dios esta dispuesto a concederte no solo una sino setenta veces siete oportunidades, El solo quiere que se lo pidas desde lo mas profundo de tu corazón, recuerda El quiere que todos procedamos al arrepentimiento, y su palabra dice que El no echa fuera a nadie.

Y es que en la iglesia donde yo me congregaba se trabaja por grupos o células de crecimiento y en cada sector hay hermanos y hermanas asignados para llevar a cabo el trabajo en la viña del Señor, ya para ese tiempo después de estar liderando un grupo por el sector donde yo vivía se me traslado a otra ciudad, como supervisora.

Este era un sector de la ciudad donde estaba lo más granado, lo más selecto del bajo mundo de la sociedad, a tal grado que allí se daban cita los más temidos ladrones, asesinos, prostitutas, borrachos, contrabandistas de drogas y muchos más, un lugar donde día y noche se movía el vicio, un lugar putrefacto moral y socialmente hablando, allí apestaba a lujuria, lascivia y cuanto pecado incita el diablo en su afán de destruir la humanidad y en ese panorama, en medio de esas personas había pueblo de Dios, que por alguna u otra razón les tocó vivir en ese sitio.

La visión de la iglesia era y es ganar cada barrio cada ciudad el país entero para Cristo y así metidos dentro esa visión, recorríamos los hogares tocando de puerta en puerta llevando el mensaje esperanzador de salvación para cada una de las personas que encontrábamos a nuestro paso.

En lo personal cuando hacía mi recorrido por esa zona que les menciono, en lugar de un hogar me encontraba con la puerta de una cantina o de un prostíbulo disfrazado, es decir con apariencia de casa de familia, y en vez de personas que hacen su vida normal me encontraba con cada borracho o drogadicto, y por las calles; hombre y mujeres no importaba si eran las diez de la mañana la dos de la tarde o las diez u once de la noche, ellos caminaban en medio de estas ebrios con droga y cuanta cosa inmunda tenían.

Pero igual yo me acercaba, les hablaba en las calles dentro de las cantinas y allí en medio de aquel ambiente con las mesas llenas de cervezas y barajas, los consumidores en algunas ocasiones me rechazaban y burlaban, pero en muchas otras ocasiones hacían un alto y me escuchaban, y en lo que yo me gozaba era que ellos a pesar de estar dominados por todos esos factores de vicio y pecado aún en esa condición teniendo su cerebro embotado por el alcohol y la droga, este pedazo de órgano enfermo les respondía en ese momento y les ordenaba a que atendieran a la Palabra.

Yo sabía que era el Espíritu Santo obrando allí, el poder de Dios Padre respaldándome, y así, ellos hacían a un lado su juego y su bebida y escuchaban con atención el mensaje, algunos rompían en llanto y otros salieron de esos lugares para congregarse.

Muchas veces cuando algunos de estos personajes me encontraban en la calle escondían sus botellas y sus cigarrillos y me saludaban así, "Que Dios le bendiga hermana", bueno le decía a Papi Dios ellos lo están confesando con su boca, y me llaman hermana, por fe ellos algún día formaran parte de la gran familia Real.

Realizando el trabajo en la viña me enfrente a muchas situaciones buenas, otra no tanto, amargas, de júbilo, frustrantes, de regocijo de peligro de fiesta de desilusión de victoria etc.

Recuerdo entre otras, la ocasión en que en este mismo sector me aprestaba para iniciar la reunión del sábado y como a dos casas del lugar donde funcionaba la célula de crecimiento y en la que yo iba a estar predicando, haciendo el recorrido de rigor, pasaba frente al portón de esta casa y apoyado en este dentro del cerco estaba un joven que nunca lo había visto por allí, me detuve lo saludé y lo invité a la reunión y el chico como de unos dieciocho años, me rechazó la invitación porque dijo que tenia que trabajar al día siguiente y que no quería llegar desvelado a su centro de trabajo, le expliqué que la reunión solo duraba una hora que apenas iban a ser la siete de la noche y que le prometía que a las ocho el ya estaría de regreso, con buena hora para dormir suficiente.

Me dijo que en otra ocasión me acompañaría, yo sentí una necesidad de hablarle de Dios y de presentarle el plan de salvación, y me quede allí hablándole de cómo nosotros arrastramos el pecado que por medio de Adán lo heredamos pero que también por medio de Jesucristo y su sacrificio en la cruz somos redimidos de toda culpa solamente tenemos que confesarlo y creerlo firmemente en nuestro corazón, (Rom.: 5:12-21) pero el una y otra vez rechazaba la Palabra.

Los hermanos del grupo de reunión me llamaban y me decían que ya era tarde y que comenzáramos el culto pero algo me decía que no podía dejar de evangelizarlo, por casi una hora no me moví de allí, le pedí que allí mismo le entregara su vida a Cristo que no le llevaría ni cinco minutos, pero el chico nunca aceptó la propuesta de entrar en la promesa y me fui un tanto triste.

Al día siguiente cuando estaba en mi casa me llamaron los hermanos del sector y me dieron la fatal noticia el joven que yo estuve evangelizando en el portón de su casa había muerto en la madrugada ya que siempre se fue a trabajar desvelado y quedándose dormido, unas bandas eléctricas de la fabrica lo atraparon y murió ahorcado.

Sentí un dolor profundo en el corazón ya que el no podrá alegar ni siquiera ignorancia cuando Dios nos llame a dar cuentas (Hechos 17: 30-31), puesto que el Espíritu Santo me envió a el para que no sufriera condenación eterna, dicen las Sagradas Escritura en el libro de Ezequiel Dios no quiere que nadie perezca y que todos procedamos al arrepentimiento. **(Ezequiel 33;1-11**

Es por esa la razón que no podemos quedarnos callados ni estar indiferentes a los demás personas, hay mucho trabajo que hacer, ya que la mies es mucha pero los obreros son pocos.

También en otra ocasión estaba por comenzar la reunión de sábado y se presentaron dos chicos al grupo con la intención de participar en la celebración de la Palabra, ellos eran pandilleros, más de pronto nos rodearon por fuera del cerco de la casa muchos jóvenes pertenecientes a estas pandillas y empezaron a enviar amenazas para que ellos salieran de allí, ya que con ello estaban rompiendo las reglas de su gremio, y cuyo castigo consistía en que les podría llegar a costar la vida.

Los jóvenes me preguntaron que hacían, yo les dije si ustedes quieren que Dios rija sus vidas, no tengan temor El los va a guardar, uno de ellos dijo "no yo se que ellos me van a matar si no obedezco al líder", y se salió de la reunión el otro joven dijo "yo me quiero quedar tengo miedo pero ya fue suficiente no quiero seguir mas en esto".

Le explique que Dios nos da libre albedrío, y para los cristianos el vivir es Cristo. pero que en Cristo el morir es ganancia, (Fil: 1: 21) y se quedo en la reunión, el líder de pandilleros presionó y presionó pero cuando vio la determinación del joven se retiró del lugar obviamente vociferando para intimidar al joven que se había decidido por seguir a un nuevo líder que es Cristo, puesto que esa misma noche entregó su vida al Amado Maestro

Al día siguiente nos enteramos que esa misma noche al marcharse de allí el jefe de ellos y sus seguidores que habían estado amenazando fue tomado preso por unos crímenes y que no saldría tan fácil de la cárcel, así que de esta manera Dios lo liberó de ese yugo que lo ataba a las pandillas y de las amenazas de muerte., siendo desde ese momento verdaderamente libre.(San Juan 8: 32—36)

Ese sector como dije era en su mayoría territorio dominado por huestes espirituales de maldad que habitan en la regiones celestes, (Efesios 6: 12) y que en el intento de llevar la palabra de salvación a cada rincón donde nos fuera posible se desataba tal oposición y había que enfrentarse a ello, porque nuestra lucha no es contra carne ni sangre dice el Señor, si no contra estos espíritus malignos que no quieren que la humanidad llegue al conocimiento de la verdad

Una de tantas noche de sábado como a las diez de la noche después de haber tenido un culto victorioso, tenía que trasladarme hacía mi casa y para salir a la carretera tenía que cruzar un río, y a esas horas de la noche era muy oscuro no había tendido eléctrico y a dos metros de distancia no se lograba distinguir nada, muchas veces crucé en solitario el puente sobre ese río que era bajo como una hondonada, no me daba temor pero en otras muchas ocasiones que tenia que atravesarlo, tuve una sensación de alerta como si algo malo me rondara en esos precisos momentos, cuando me disponía a transitarlo de regreso a casa.

Y tantas veces en ese instante de aprehensión, sucedía algo diferente inesperado que era como que me libraba de todo lo malo que podría sucederme allí en ese momento; y yo podía percibir algo sobre mi rodeándome como protegiéndome, sabia entonces que Dios estaba conmigo.

Es decir con la sensación de alerta o sin ella sabia que Dios me guardaba, pero en el momento de verdadero peligro era que yo podía palpar su cobertura

Una vez que sentí esa sensación de alerta cuando estaba punto de entrar al puente apareció un carro no sé de dónde, y una voz de mujer que me llamaba por mi nombre y me dijo "Hermana Yolanda suba le doy un aventón, me subí en ese carro desconocido oliendo a nuevo, muy extraño por cierto, nunca he visto un auto igual, parecía recién salido de una agencia automotriz, con muchos botones súper de lujo yo pensé "esta hermana es una persona adinerada", y al subirme en el auto no sentí desconfianza al contrario me inspiraba paz.

Ya por el camino quise reconocer la hermana, le hice muchas preguntas para saber de dónde me conocía pero nunca supe nada en concreto de ella hasta el día de hoy no sé quién es la persona que me sacó de allí, pero lo que sí sé es que fue Dios mandando un ángel, era así que yo me daba cuenta cuando se cernía algún peligro sobre mí, pero también sabía que Dios me protegía.

En otra ocasión, habiendo terminado la predicación de esa noche de sabado, de igual modo al llegar al puente sentí esa sensación de—¡cuidado peligro!—sobre mí, y justo cuando tenía que cruzarlo, un carro se detuvo y dentro de el una voz que me decía, "Hermana suba nosotros la llevamos", ya dentro me dijo el señor que era un taxista, "el joven me fue a llamar a casa para que la trajera, yo volví para ver en el asiento trasero, creía que era alguien que había estado en la reunión pero en la parte trasera del taxi venia un joven que era de los que se mantenían en ese lugar borrachos y drogados y me dijo "Vi que iba a cruzar el puente está muy oscuro y es muy peligroso, corrí a llamar al taxista para que la lleve a su casa, no se preocupe yo pago" me quede sorprendida, muchas veces Dios utiliza los cuervos para proteger a sus hijos.(1 de Rey 17: 4-7).

En otra ocasión siempre en sábado el padre de una de las lideres de los grupo familiares de ese sector, este señor que trabajaba como chofer en una compañía grande que hace turnos de noche, al igual que en las anteriores ocasiones, a la entrada de este puente detuvo su carro de trabajo y me dijo que subiera, para llevarme a casa.

En el camino me dijo que nunca iba a su casa durante su turno de trabajo pero que ese día sintió la necesidad de darle una ronda a su familia pero que todo estaba bien con ellos, y ya que tuvo la casualidad de encontrarme, aprovechaba la ocasión para llevarme, y le dije que no era casualidad que el estuviera a esa hora y en ese lugar, puesto que en esos precisos momentos yo me sentía con la necesidad de que alguien me sacará de allí y que Dios lo había enviado a el para que me ayudara.

Le dije que quizás no entendería lo que yo le decía pero Dios operaba de muchas forma y a través de el, Dios me había librado una vez más de que algo malo me hubiese pasado, le hable de la Palabra y di el mensaje de salvación y allí se comprometió con visitar la iglesia y lo cumplió.

Y en muchas otras ocasiones cuando me disponía a atravesar ese puente en solitario, y teniendo la sensación de aprehensión sobre mí, de repente aparecían grupos de personas que también se disponían a cruzarlo a esas horas y yo me mezclaba entre ellos, o en otras ocasiones aparecían carros de ambos lados y me alumbraban el camino, y así con la ayuda de Dios muchas veces pude salvar la situación sin correr ningún peligro.

Pero esta noche de sábado con la que empecé este relato, sentí la misma sensación de peligro y pensé que Dios mandaría a alguien por mí a rescatarme de las asechanzas del enemigo, pero no sucedió nada, sin embargo la sensación de alerta estaba allí como también la sensación de cobertura sobre mi cabeza.

Caminé lentamente como dando tiempo para que vinieran en mi ayuda; y entré en el puente, avancé unos pasos vi para un lado y para el otro buscando quien era que llegaría por mi en esta ocasión y pensé, "a quien me mandará hoy mi Papi Celestial?", di unos pasos más confiando en que vendrían por mi rescate.

Y en ese momento vino a mi mente el Salmo 91 "El que habita al abrigo del Altísimo, morará bajo la sombra del Omnipotente, . . . diré yo a Jehová Esperanza mía y Castillo mío mi Dios en el confiaré, . . . El te librará del lazo del cazador de la peste destructora, . . . con sus Plumas te cubrirá, y debajo de sus Alas estarás seguro, . . . no tendrás temor de espanto nocturno, ni de saeta que vuele de día ni pestilencia que ande en oscuridad, . . . caerán a tu lado mil, y diez mil a tu diestra más a ti no llegará, . . . pues que los ángeles mandará acerca de ti, que te guarden en todos tus caminos, . . . en las manos te llevarán para que tu pie no tropiece en piedra," . . .

Seguí avanzando unos metros más y cuando estaba casi a mitad del puente, de la nada entre la oscuridad, debajo del puente saltaron a la superficie tres hombres, en ese momento el cielo se iluminó, se dió como un rayo de luz que se filtró entre los árboles que bordeaban el río, alumbrando momentáneamente el lugar, vi que uno de los hombre tenía un puñal en una de sus manos, su hoja de metal relució con el rayo de luz, me detuve por un momento, y por segundos pensé que esta ves Dios me había olvidado, se me ocurrió volverme sobre mis pasos, pero simultáneamente a mis pensamientos sentí una fuerza que me impulsaba a seguir adelante y una voz que me dijo al oído "por cuanto en mi has puesto tu voluntad estaré contigo en la angustia y te libraré (Sal 91:14-15) No temas porque Yo Jehová tu Dios, guardo el pacto y la misericordia (Dt. 7: 9) " *y por siempre te llevare de la mano"*

Instantáneamente reanudé el paso, pero ya no eran pasos temerosos entrecortados, sino que eran pisadas firmes con la certeza que lo que un día mi Padre Celestial me había prometido nuevamente lo estaba cumpliendo, y estaba allí fiel a su Palabra, de mi lado cuidándome como el Padre amoroso que El es.

Un nuevo rayo de luz se dió, estaba a medio metro de los hombres y con ese rayo de luz uno de ellos vio mi rostro y grito un tanto agitado !alto! . . . !alto! ¡Es la hermana, es la hermana del Playón no hagan nada!, El Playón así se llama ese lugar de la zona que a mi me tocaba supervisar.

Como comprenderán los tres personajes eran unos asaltantes que acostumbraban esconderse bajo el puente para caer sobre sus víctimas y así robarles, violarlas y en la mayoría de los casos las asesinaban, muchas veces los habitantes de ese lugar me decían: "No le da miedo cruzar ese lugar sola y tan tarde de la noche" la verdad nunca me detuve a pensar en eso, yo solo sabía que cumplía con llevar la Palabra de Dios a donde fuera enviada.

Terminando con la narración, cuando los otros dos hombres vieron que a la persona que iban a asaltar se trataba de la hermana que evangelizaba ese sector se sorprendieron mucho y me dijeron "!Hermana pero como anda sola por este lugar es muy peligroso!, ¡camine, ¡camine no tenga miedo nosotros la vamos a cuidar desde aquí!!, no le va a pasar nada" fue así que él Señor una vez más puso su mano de Poder sobre mi vida, librándome quizás de una muerte segura para otra persona que en ese momento anduviera sin cobertura Santa.

Demostrándome una vez más que el estaba siempre conmigo guardándome de una forma ú otra, aunque el medio fuera que El mismo Dios de la Gloria tuviera que bajar desde el último cielo. **(Apoc. 21:1)** para venir en mi ayuda ¡Gloria al Padre al Hijo y a Su Espíritu Santo.

Aleluya Gloria a Dios "El que habita al abrigo del Altísimo morará bajo la sombra del Omnipotente," (Salmos 91:1) "Aunque ande en valle de sombra de muerte no temerá mi corazón, tu vara y tu callado me infundirán aliento," **(Salmos 23:4)** "Caerán a tu izquierda mil y a tu derecha diez mil pero a ti no llegara" **(Salmos 91:7)**; Nunca cambiaría esta seguridad por nada del mundo. Gracias Padre por ser lo que eres para mí.

De esa forma me ha tocado vivir muchas, muchísimas más experiencias maravillosas en las que he podido ver la mano de Dios sobre mi dándome poder, respaldándome en cada situación que se me ha presentado, en sanidades en milagros, hechos que cada día hacen que yo quiera seguirle y no volver atrás . . .

No que lo haya alcanzado todo, **(Filipense 3: 13-14)** sé que cada vez hay mucho, demasiado camino que recorrer y falta mucho para alcanzar la estatura del Varón Perfecto que es Cristo Jesús **(Efesios 4;-13)**, pero prosigo al blanco a fin de llegar a la meta y alzarme con la corona de Justicia que es otorgada por el Padre en aquel Gran Día. **(2da. Timoteo 4:8)**

Yo te pregunto ¿cuántas personas hay en el mundo, alcohólicos, drogadictos, prostitutas, ladrones, endemoniados, depresivos, enfermos? ¿Cuántos conoces tú? O tú mismo quizás pases por alguna situación difícil, en donde quizás eres la persona que pudiendo hacer algo para ayudarte o ayudar a los demás no lo estás haciendo, tienes que reventar cadenas, arrancar raíces de amargura, raíces ancestrales, que están impidiendo el avance hacía una vida victoriosa en Cristo Jesús. Recuerda que Cristo te ama. **(Juan 3:16)**

Que dices amado que estás leyendo?, ¡anímate!, boga mar adentro y Dios te respaldará y honrará la fe que deposites en El. Recuerda que nuestro Padre dice . . . *Te llevare de la mano* . . .

Referencias:

Santa Biblia—Edición de Promesas
Antigua versión de Casiodoro de Reina (1569)
Revisión 1960

Si tiene algún comentario sobre este libro pueden enviarlos al correo electrónico *briyoinc@yahoo.com*.